ERIKA WIMMER MAZOHL

Meran

ABSEITS DER PFADE

Eine etwas andere Reise durch
die Stadt der Villen und Promenaden

braumüller

Bibliografische Information der Deutschen Nationalbibliothek
Die Deutsche Nationalbibliothek verzeichnet diese Publikation in der Deutschen Nationalbibliografie – detaillierte bibliografische Daten sind im Internet über http://dnb.d-nb.de abrufbar.

2. Auflage 2019

Servitengasse 5, A-1090 Wien
www.braumueller.at

Fotos: © Erika Wimmer Mazohl
Karten S. 12, 38, 56, 90, 110, 120, 134, 164, 180, 192, 214:
openstreetmap.org | © OpenStreetMap-Mitwirkende (CC BY-SA 2.0)
Lektorat: Merle Rüdisser

Druck: FINIDR, s.r.o., Lípová 1965, 737 01 Český Těšín
ISBN 978-3-99100-207-9

Inhalt

Meran, du Schöne 6

Das Steinachviertel
Rundgang durchs alte Meran I 13

Hier flanierten sie alle:
Künstler vergangener Zeiten 39

Die Lauben
Rundgang durchs alte Meran II 57

Spaziergang auf den Spuren des „Fremden" 91

Die jüdische Gemeinde in Meran 111

Vom schwierigen Zusammenleben 121

Vielstimmige Szene in einer offenen Stadt 135

Treffpunkt Untermais
Rundgang durchs andere Meran 165

Villenbesuche 181

Camping, Pferdegalopp und Lido
Radwege durchs andere Meran 193

Über die Leute zur Gegend –
Ausflüge 215

Empfehlungen 246
Danke! 252
Literatur 254

Merano è un laboratorio di idee, una città sperimentale /
Meran ist ein Ideen-Laboratorium, eine experimentelle Stadt
Gigi Bortoli (1947–2017)

Meran, du Schöne

Warum fährt man nach Meran? *Wegen die schianen Platzln.* Und warum kehrt man nach Meran zurück? *Wegen die schianeren Platzln.* Die schöneren Plätze sind die interessanten, lebendigen und ganz und gar gegenwärtigen Plätze, und davon gibt es in Meran tatsächlich viele. Diese Orte sind vor allem bewegt – oft auch geschaffen – von Menschen, die sich etwas mehr einfallen lassen, als nur vom Tourismus zu leben. Es sind Orte, an denen kulturelle Werte durchaus im Widerspruch, auf jeden Fall aber in engagierter Auseinandersetzung entstehen.

Meran, einst Sitz der Grafen von Tirol, hat seine politische Bedeutung längst eingebüßt und ist mit knapp 39.000 Einwohnern nicht gerade groß. Doch die viel besuchte alte Kurstadt ist ein wichtiges wirtschaftliches Zentrum Südtirols und eine Kulturstadt mit Tradition. Baumeister, Literaten, Künstler, Musiker haben sich, so sie es sich leisten konnten, hier aufgehalten, einige haben Meran porträtiert – in Schrift und Bild. Und noch heute erweist sich die Stadt als überraschend vielstimmig, wenn es um Kunst und Kultur geht; zahlreiche Meraner Künstlerinnen und Künstler haben längst Anschluss an die internationalen Kunstzentren gefunden.

Wer nach Meran kommt und sich einlesen will, erfreut sich an einer großen Palette ausgezeichneter Literatur über den Ort und seine Geschichte; einiges davon konnte in dieses Buch einfließen, wofür ich zu danken habe – siehe die Literaturliste im Anhang. Daneben ist es dieser spezielle Mikrokosmos, der seine Anziehungskraft ausübt, und den kann man nur selbst erkunden – einige persönlich gefärbte Tipps werden die Leserinnen und Leser hier immerhin finden. Im Kleinen gibt es noch zahlreiche Aspekte und Nischen, die nicht in die Meran-Bücher Eingang gefunden haben, die unspektakulären Dinge oder auch Orte, die sich im Verborgenen entfalten oder nicht als herzeigbar gelten – nicht alles, was interessant ist, ist auch im herkömmlichen Sinn schön.

In diesem Buch steht das Meran der Meranerinnen und Meraner im Mittelpunkt – und das heißt zuallererst: Wir haben es mit einem Ort zu tun, der gleichermaßen italienisch wie deutsch ist. Dafür spricht die Geschichte: Das faschistische Regime hat in der Zwischenkriegszeit die urbanen Zentren Südtirols durch eine Reihe von Italianisierungs-Maßnahmen, darunter die Ansiedlung von Arbeitern aus dem Süden Italiens, nachhaltig verändert. Die wenigsten wissen, dass Meran noch nach dem Zweiten Weltkrieg eine „Heeres-Stadt" war (worauf noch heute die vielen, meist leer stehenden Kasernen hinweisen), dass auffallend viele Soldaten das Straßenbild prägten – was erst so richtig auffiel, als sie abgezogen waren: Die abgestürzten Umsätze der Meraner Gastronomie machten die Absenz des Heeres schmerzlich spürbar.

Die Stadt ist ein beliebtes Urlaubsziel. Man lebt hier nolens volens mit dem Tourismus, manche umschiffen ihn, andere machen ihn für das eigene Tun nutzbar. Von den MeranerInnen kann man jedenfalls lernen, wie man Touristenströmen ausweicht – am Beispiel des Schlosses der Schlösser lässt sich das exemplarisch zeigen.

Schloss Tirol

... über der Stadt thronend und weithin zu sehen – ein absolutes Muss für alle Besucherinnen und Besucher? Ja, unbedingt. Aber bitte nicht zur Hauptsaison im Tross mit Jedermanneckermann – es sei denn, man will den fünfzehnminütigen Fußweg von Dorf Tirol bis zum Schloss (zwischen Dorf und Schloss besteht Fahrverbot) im Rudel mit anderen Touristen zurücklegen, um dann die Schlossmuseumsmeile wieder mit all den anderen Besuchern zu durchlaufen – oder nach einer halben Stunde den Museumsshop aufzusuchen, um ein Buch zu kaufen, das einem weitere Besichtigungsbemühungen erspart.

Warum nicht gleich anders? Es gibt Gelegenheiten für einen ganz anderen Schlossbesuch – zu einer Zeit, da der Touristenstrom nicht gar so groß ist. Im Spätherbst zum Beispiel, wenn die Landschaft einen herben Reiz verströmt, oder im Herbst bei stürmischem Wetter, wenn Nebelfetzen den mächtigen Bergfried umtanzen. Man muss den Turm, den Bergfried, in dem Tirols Geschichte der letzten hundert Jahre von ganz unten bis ganz oben Vitrine für Vitrine dokumentiert ist, unbedingt erklimmen, schon allein, um den sagenhaften Ausblick auf das Meraner Becken zu genießen und die

Schlossanlage von oben in den Blick zu nehmen. Schloss Tirol ist von 15. März bis 10. Dezember täglich außer Montag von 10 bis 17 Uhr geöffnet, im August von 10 bis 18 Uhr.

Oder man nutzt einen der Anlässe, der die MeranerInnen zu ihrem Schloss hinaufzieht, weil es etwas Spezielles zu sehen gibt, zum Beispiel eine der hochkarätigen Ausstellungen, die droben immer wieder gezeigt werden. Wenn in Meran Hochsaison ist, geht man allerdings am besten erst abends aufs Schloss: Die Sommer-Soireen sind seit vielen Jahren wohlüberlegte Kulturangebote mit dem Ziel, den eindrucksvollen Rittersaal nicht museal, sondern ganz normal für die Allgemeinheit zu öffnen, ihn mit Musik oder einer literarischen Darbietung zu beleben. Den Schlosshof, den man sonst vielleicht nur durcheilt, kann man in der Pause bei einem Glas Weißwein als angenehm umfriedeten Aufenthaltsort genießen und ganz nebenbei dem Südtiroler Slang rundum ein Ohr leihen. Der nächtliche Rückweg nach Dorf Tirol wird im ersten Teil von Fackeln beleuchtet; die Aussicht auf Merans Lichtersee ist ebenso schön wie der Ausblick am Tag. Hat man bequeme Schuhe an (oder zum Wechseln dabei) und ist nicht mit dem eigenen Auto, sondern mit dem Bus nach Tirol gefahren, geht man in einer Sommernacht am besten überhaupt zu Fuß in die Stadt zurück – Taschenlampe nicht vergessen! Hat man erst einmal die von Hotels gesäumten Straßen der Ortschaft hinter sich gelassen, um in den Segenbühelweg, später den Tirolersteig einzufädeln, steht einer romantischen kleinen Wanderung nichts mehr im Weg. Der Tirolersteig endet bei der Pfarrkirche St. Nikolaus, also ganz im Zentrum.

Auch für das Hinauffahren bietet sich eine sehr zu empfehlende Variante an: Man nähert sich Schloss Tirol nicht von Dorf Tirol, sondern von der Westseite her. Da es oben keine Parkplätze gibt, steigt man im Zentrum in den Bus nach Schloss Thurnstein, wo man im Sommer auf der Terrasse sitzend einen Kaffee trinken kann; von hier führt ein Fußweg in zwanzig bis dreißig Minuten zum Schloss. Auf dem Weg liegt der sonnige Weiler St. Peter, ein echtes Kleinod, das man wie nebenbei, doch nicht in Eile mitnimmt: Man sollte sich ein wenig Zeit nehmen, die kleine romanische Kirche mit Fresken aus dem dreizehnten Jahrhundert und den lauschigen Friedhof zu besuchen.

Meran, die Schöne. Die Stadt ist sowohl, was das Klima, die Lage und die Umgebung, als auch, was die Architektur und das städtische Leben angeht, in der Tat etwas Besonderes: Das Raue, die hohen Berge, die nahe gelegenen Gletscher und das südlich Weiche gehören gleichermaßen zu Meran. 300 Sonnentage im Jahr lassen den hiesigen Wein allerfeinst gedeihen, und wunderschön ist Merans submediterrane Vegetation, die ungewöhnlich ist für die alpine Lage. Die Gärten und Spazierwege und der Großteil des Baumbestandes wurden hier in einer Zeit, als die mittelalterlichen Bäder und der Luftkurort von Trinkkuren verdrängt wurden und der Tourismus im neunzehnten Jahrhundert ähnlich wie im Schweizer Davos überregionale, ja internationale Dimensionen erreichte, gezielt angelegt.

Auch für mich als Boznerin mit reichlich Meraner Verwandtschaft ist Meran der schönere Ort meiner Kindheit. Dass meine Verwandten in einem berühmten Luftkurort wohnten, interessierte mich damals nicht, und die Information, dass Palmen und Glyzinien hier deshalb so gut gedeihen, weil die Winter mild und trocken sind, hätte mich gelangweilt. Doch die für Meran charakteristische Vegetation faszinierte mich schon als kleines Mädchen; die Bäume, die am dichtesten den Stadtteil Obermais, aber auch viele andere Bezirke in auffallender Weise prägen[1], lösten Geschichten und die eine oder

---

1 Im digitalen Baumkataster der Gemeinde Meran erhält man Informationen zu jedem einzelnen Baum und zu den Meraner Naturdenkmälern: http://www.umwelt.gemeinde.meran.bz.it/baeume

Große Araukarie mit Blick zur Kapelle der Zenoburg

andere Fantasterei in mir aus. Heute schätze ich die prachtvollen Baumriesen als Augenweide und Schattenspender auf meinen Spaziergängen. Während man in Scharen zu den Gärten von Schloss Trauttmansdorf pilgert, wende ich auf meinen Wegen den Blick einfach nach oben und erfreue mich der mächtigen Baumkronen oder der bizarren Zweigformationen einzelner Baumexoten. Und dann diese herrlich sprechenden Namen, schon allein darüber ließen sich viele Geschichten erzählen: Atlaszeder, Stieleiche, Arizona-Zypresse, Gelbkiefer, Sommerlinde, Spitzahorn, Südlicher Zürgelbaum, Judasbaum, Stechpalme, Italienische Zypresse, Seestrandkiefer, Glanzmispel, Libanon-Zeder …!

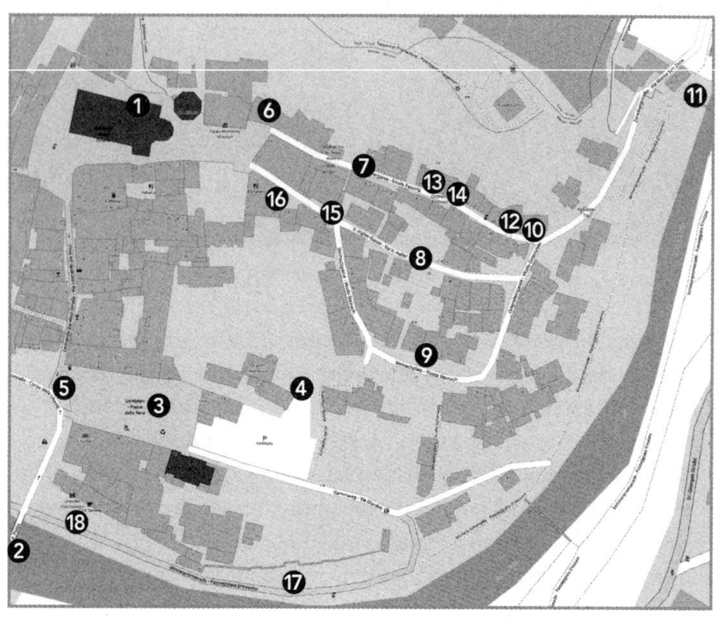

1	Pfarrkirche St. Nikolaus	10	Passeirer Tor
2	Postbrücke	11	Steinerner Steg
3	Sandplatz	12	Santer Klause
4	Ansitz Kallmünz	13	ost west club
5	Bozner Tor	14	Moujo
6	Museum Palais Mamming	15	Offizin S.
7	Passeirergasse	16	Steinachpassage
8	Hallergasse	17	Wandelhalle
9	Steinachplatz	18	Café Darling

Das Steinachviertel
Rundgang durchs alte Meran I

Wo die Uhren anders gehen – Spaziergang mit Franz Pichler

Sähe man die Stadt als Körper, wäre der Fluss Passer die Wirbelsäule Merans, die die Teile zusammenhält und stützt. Zwischen den beiden zentralen Flussübergängen, der Theater- und der Postbrücke, könnte man Merans Kopf lokalisieren, denn hier befindet sich der Kern dessen, was die Identität eines Fremdenverkehrsortes ausmacht: Freiheitsstraße mit Kurhaus, Cafés und Stadttheater einerseits, seit 2005 die Therme Meran andererseits. Die Berg- und Wasserlauben wären zwei kräftig ausgreifende Arme, und das historische Steinachviertel das Herz, von dessen unablässigem Schlagen mehr abhängt, als man sich gemeinhin bewusst ist.

Kommt man in eine fremde Stadt, so sucht man zuallererst nach der Altstadt, die in der Regel auch das Zentrum ist. Das Steinachviertel mit der Pfarrkirche, zu Füßen des Küchelberges gelegen, ist der älteste Teil Merans und auch von seinem Flair her die eigentliche Altstadt. Es entstand einst auf den steinigen Ablagerungen der Passer, die von Norden her ins Meraner Becken fließt und dort in die Etsch mündet. Der Flur- und Siedlungsname „Steinach“ kommt auch in der Nachbargemeinde Schenna vor, wo der Ortskern am Schnuggenbach mundartlich „Schtuenich“ heißt, außerdem in Algund, wo sich das Kloster Maria Steinach an der Etsch befindet. „Schtuene“ oder „Schtoaner“ – die Steine wurden vom Wasser aus dem Tal geschoben und hier abgelagert, der Name Steinach bedeutet so viel wie „eine Menge Steine“.

Als die Grafen von Vinschgau sich im zwölften Jahrhundert hier niederließen und sich Grafen von Tirol nannten, begann die kleine und bis dahin unbedeutende römische Siedlung zu wachsen und zu prosperieren, wurde im Lauf der Jahrzehnte zur befestigten Ansiedlung, bekam eine Münzpresse und schließlich im Jahr 1317 eine Stadtordnung. Adelige und Bürger siedelten sich in Steinach an, die Bautätigkeit nahm zu, Gewerbe und Handwerk blühten. Parallel zum Aufstieg der Grafen von Tirol wurde Meran zu einem wichtigen Zentrum und zur Hauptstadt von Tirol. Die Stadt lag ja zu Füßen von Schloss Tirol, das war das eine. Andererseits war es die verkehrsgeografisch günstige Lage an der Kreuzung der wichtigen Straßenverbindung von Bozen zum Reschenpass mit dem uralten Talweg durch das Passeiertal und den Jaufenpass nach Sterzing, wodurch Meran zunehmende Bedeutung erlangte. Doch die politischen Verhältnisse änderten sich rasch, das Land Tirol wurde 1363 durch Margarete Maultasch den Habsburgern zugesprochen, in der Folge der Hof nach Innsbruck, die Münzpresse nach Hall verlegt. Das bedeutete für Meran den Niedergang; die Stadt fiel in einen jahrhundertelangen Dornröschenschlaf und erwachte erst Mitte des neunzehnten Jahrhunderts, als sich genau hier ein Gesundheits- und damit ein Fremdenverkehrszentrum entwickelte. Es war ausgerechnet eine Habsburgerin, die den Wandel einläutete: Einer der bekanntesten frühen Gäste war Marie-Louise von Habsburg, die zweite Frau Kaiser Napoleons. Keine Frage, dass sich daraufhin weitere prominente Gäste einstellten – doch davon später und an anderer Stelle. In den engen Gassen des Steinachviertels mag man sich weniger an die Belle

Époque erinnern als eher in das Mittelalter und seine Lebensart zurückversetzt fühlen.

Obwohl in unmittelbarer Nähe des Pfarrplatzes, bleibt das Viertel von sehr vielen Touristen unentdeckt. Und das ist wohl auch gut so, denn wer hier zu Hause ist, wer hier seine Gaststätte aufsucht oder sein Atelier betreibt, legt Wert darauf, etwas abseits vom Rummel zu leben. Andererseits kann man den Eindruck bekommen, dass das Viertel im Verhältnis zum sonst so gepflegten Meran etwas vernachlässigt wird, was daran liegen mag, dass hier keine touristisch verwertbare Infrastruktur unterzubringen ist.

Die Touristen jedenfalls werden vom Süden kommend über die Postbrücke und linker Hand zum Kurhaus geführt. Oder sie überqueren die Brücke und gehen dann geradeaus, lassen den Sandplatz rechter Hand liegen und gelangen über das Bozner Tor zum Pfarrplatz, wo sie zunächst bei drei Marktständen verweilen und sich schließlich nach links Richtung Lauben wenden. Allenfalls besuchen sie noch die Pfarrkirche und das benachbarte, frisch renovierte Palais Mamming, einen der schönsten Frühbarockbauten Südtirols und seit Kurzem als Museum der Öffentlichkeit zugänglich. Doch dann kehren die meisten Touristen um und tauchen in das pulsierende Geschäftsleben im historischen Ambiente der Lauben ein.

Mich zieht es aber meistens als Erstes in die Gassen des Steinachviertels. Es ist von überschaubarer Größe, besteht im Wesentlichen aus der Passeirergasse, der Valentin-Haller-Gasse, dem Bozner und dem Passeirer Tor sowie dem Ansitz Kallmünz und dem Steinachplatz. Einen ersten Rundgang hat man schnell gemacht, doch im Steinachviertel tut man gut daran, nicht durchzueilen, sondern sich aufzuhalten. So klein es ist, so eindrücklich sind die Erlebnisse, die man hier haben kann, wenn man sich nur Zeit lässt. Will man wirklich etwas erleben, muss man hinter die Fassaden blicken und die eine oder andere Schwelle übertreten, um mit denen, die hier leben und arbeiten, ins Gespräch zu kommen.

Das Passeirer Tor, Blick von Süden

Zunächst aber ein Blick auf die historischen Häuser, die die Gassen säumen: In der Passeirer- und der Hallergasse ist die alte Bausubstanz noch weitgehend erhalten, einige Gebäude wurden sorgfältig restauriert, andere hätten einen gewissen Aufputz nötig, wieder andere stehen in ihrer historischen Substanz da – außen wie innen komplett erhalten. Diese Häuser sind Denkmäler alter Zeiten, deren Schönheit sich erst auf den zweiten und dritten Blick erschließt, sie liegt im Schrägen, Schiefgewordenen und in vielen aus den Jahrhunderten herübergeretteten Details an Türen, Toren, Fenstern und Dachsimsen; in manchen Häusern sind unter dem Putz noch gotische Malereien zu finden. Einige Gebäude stehen augenscheinlich leer – man erkennt die Patina von Jahrhunderten und erfreut sich an dem etwas morbiden Charme. Auch die teilweise noch erhaltene, aus unterschiedlich großen Steinen bestehende Pflasterung der Gassen ist bemerkenswert, daneben auch aufschlussreich: Der Bach, der hier durchging, die Steinach, wird heute unterirdisch zur Passer geleitet – jenem Fluss, der Meran in zwei Teile teilt. Die mittigen großen Steinplatten, die die Ritschen – alte Wasserkanäle – abdecken, deuten den unterirdischen Bachverlauf an. Eine der Ritschen verlief vom Passeirer Tor bis zum heutigen Bahnhof.

Die Passeirergasse mit Blick Richtung Norden

Über Passeirer- und Hallergasse gelangt man zum Passeirer Tor, dem Kern des alten Meran, einem optisch reizvollen Ort. Über dieses Tor kamen die Bauern „vom Pseier" in die Stadt herein, wanderten Arbeiter und Handwerker hinaus, und diese arbeitsbedingten Fußmärsche liegen noch gar nicht so lange zurück. Während des Krieges wanderte meine Großmutter väterlicherseits, eine Witwe mit vier Kindern, durch das Passeirer Tor und weiter zu den Höfen rund um Kuens oder Riffian, um Butter und Speck gegen andere Waren oder auch gegen Arbeit einzutauschen. Mein Vater, der sehr jung im Krieg war und nach einem langen Lazarettaufenthalt einigermaßen heil nach Meran zurückkehrte, brachte eineinhalb Kilo Salz mit. Salz war ein begehrtes Tauschmittel zu jener Zeit, es ermöglichte der Familie das Überleben. Meiner Großmutter, dieser von mir hochgeschätzten Frau, werden wir noch einmal begegnen, wenn von den alten Laubenhäusern die Rede ist.

Man ist aber auch hier nicht immer zu Fuß gegangen; zu Zeiten, als wie an anderen Orten auch in Meran der Individualverkehr zunahm, gab es Stau, Lärm und Hektik. Der Transitverkehr von und in das Passeiertal wurde bis in die 1960er-Jahre durch das enge Tor geleitet, wodurch auch ganz Steinach bis zum Pfarrplatz von regelrechten Blechlawinen heimgesucht wurde. Das ist heute kaum noch vorstellbar, und ebenso wenig nachvollziehbar ist es, dass es offenbar in der Gemeinde den Vorschlag gab, das Passeirer Tor abzureißen, um die Straße verbreitern zu können. Hätte man nicht nach anderen Lösungen gesucht, gäbe es einen der lauschigsten Plätze Merans heute nicht mehr. Es wurde schließlich eine Straßenvariante entwickelt, die unweit der Gilf über eine neue Brücke führt und zumindest das alte Viertel entlastet. Für andere Stadtviertel, etwa Untermais, ist das allerdings immer noch keine befriedigende Lösung.

Heutzutage ist es im Steinachviertel ziemlich ruhig. Wollte man von der Stadt ins Grüne gelangen, könnte man durch das Passeirer Tor nach kurzer Wegstrecke über den Steinernen Steg zur gegenüberliegenden Seite der Passer und zurück in die Stadt gelangen. Das Passeirer Tor erinnert an die Stadtmauern, die im Mittelalter da verliefen, wo heute die Häuser dicht aneinanderstehen. Ich überschreite diese Grenze nicht, sondern verweile noch im Steinachviertel. In unmittelbarer Nähe befindet sich das Gebäudeensemble Santer Klause und Hohes Haus. Die Santer Klause am Eck war bis vor wenigen Jahren ein Gasthaus mit getäfelter Stube, Kachelofen und einem Gastgarten mit altem Rebstock – hier

Gilfschlucht, Blick von der Gilfpromenade

Von der Sommerpromenade gelangt man über den Steinernen Steg nach Steinach.

konnte man zur Hausmannskost gemütlich einen Krug Wein genießen. Derzeit ist das Wirtshaus bedauerlicherweise und hoffentlich nur vorübergehend zugesperrt. Im gegenüberliegenden Haus mit gelber Fassade und der Aufschrift „Antiquariat" wohnte der Henker der Grafschaft von Tirol, im Mittelalter wurde also nicht nur bei einem Krüglein Wein, sondern auch zu Gericht gesessen. Neben dem Scharfrichter in Hall bei Innsbruck gab es in ganz Tirol nur diesen einen Henker, dessen Arbeitsplatz wie üblich etwas außerhalb der Stadtmauern lag: Hingerichtet wurde in Sinich bei Meran. In der Nähe des Hauses, in dem der Henker sich von einer Vollstreckung erholte, gab es übrigens auch zwei Freudenhäuser – das obere und das untere Frauenhaus, wie sie genannt wurden. Die Prostituierten mussten als Erkennungszeichen blaue Maschen am Kleid tragen, wenn sie in die Stadt gingen. Im ehemaligen unteren Frauenhaus wohnte zuletzt der erfolgreiche Skirennläufer Erwin Stricker, der schon während seiner aktiven Zeit und auch danach durch technische Neuerungen zur Entwicklung des alpinen Skisportes beigetragen hat und damit erst recht bekannt wurde. Er entwickelte gebogene Skistöcke, einen aerodynamischen Helm für die Abfahrtsläufer und vor allem die sogenannten Geierschnabel-Skispitzen. 1979 ließ er die erste Schneekanone Südtirols aufstellen.

Doch im Mittelalter wurde in dieser Ecke des Steinachviertels nicht nur zu Tode verurteilt, gesoffen und gehurt, schon damals blühte hier auch allerlei Handwerk. Bei Aushubarbeiten in einem jahrhundertealten Keller an der rechten Torseite wurde eine alte Färberei entdeckt, ein Betrieb, den man bereits von Bildern her kannte: Der über viele Jahre und bis zu seinem Tod 1886 in Meran lebende Hamburger Maler Friedrich Wasmann hatte diese auf einigen seiner Gemälde verewigt.

Der Bildhauer Franz Pichler, mit dem ich eine Runde drehe, wohnt seit vierzig Jahren in Steinach und erinnert sich an zahlreiche frühere Geschäfte und Handwerksbetriebe im Viertel. Einst gab es hier einen Schuster, eine Schmiedewerkstätte und eine Metzgerei, außerdem einen Antiquitätenladen, der gesteckt voll mit Waren war. Die Inhaberin des Ladens erzählte Pichler, einmal seien Leute aus Deutschland gekommen und hätten nach langem Suchen um wenig Geld einen Rahmen erstanden, in dem noch ein altes Bild steckte. Ein Jahr später seien sie wiedergekommen, um das ganze Geschäft umzudrehen. Nach Stunden gestanden sie der Besitzerin, in dem Rahmen, den sie gekauft hatten, habe sich ein echter Picasso befunden.

Pichler weiß Geschichten zu erzählen, er weiß, in welchem Haus der Blumenladen, wo der Krämer oder der Tischler untergebracht war. Alles, was man für das tägliche Leben brauchte, konnte man vor dreißig Jahren noch in Steinach kaufen. Hier hatte man sogar *das* Trachtengeschäft der Stadt, man konnte authentische Trachtenstoffe und sämtliches Zubehör erstehen und sich das Gewand bei einem Trachtenschneider nähen lassen. Allmählich aber verschwand ein Geschäft nach dem anderen, auch die Handwerksbetriebe sperrten zu. Das war auch die Zeit, in der man hier verhältnismäßig billig ein Haus erwerben konnte.

Der Künstler Franz Pichler auf dem Oberen Pfarrplatz

Heute stehen zwar immer noch viele der ehemaligen Häuser leer, doch es leben und arbeiten in den Gassen des Viertels wieder mehr kreativ tätige Menschen: Es gibt ein paar Läden, in denen Kunsthandwerk verkauft wird, die Schneiderin Gabriele Bertagnolli, die in ihrem Atelier *Moujo* afrikanische Stoffe zu tragbar schönen Kleidern verarbeitet, der Drucker und Betreiber der literarisch und künstlerisch affinen *Offizin S. Meran*, Siegfried Höllrigl, die Buchbinderin Brigitte Maria Widner, der in Österreich und Norditalien gut vernetzte Künstler Jakob de Chirico und der Aktionskünstler Matthias Schönweger. Wechselnde Kulturarbeiter im *ost west club* sorgen dafür, dass Musikveranstaltungen, Lesungen und Ausstellungen über die Bühne gehen. Meinhard Graf Khuen stellt sein Schloss Kallmünz samt dessen Gärten immer wieder auch für Kulturveranstaltungen zur Verfügung. Dass man im Steinachviertel sogar an einem buddhistischen Zentrum vorbeikommt, verwundert kaum.

Doch vieles ändert sich auch sehr rasch: Die Milchbar am Eck, ehemals ein Lokal für Junge und Junggebliebene, ist verschwunden. Eine Zeitlang wurde mittels eines Plakates für eine entsprechend würdige Nachfolge geworben: „die ehemalige milchbar als treffpunkt im herzen des charismatischen steinachviertels sucht einen guten geist, der die vision, ein lebhaftes steinachegg entstehen zu lassen, in die tat umsetzen möchte." Jetzt hat hier Tara, ein Architektenduo, das Büro. Ein Althaus, das ebenfalls einem Architekten gehört, wurde renoviert, sehr schöne Ferienapartments werden dort vermietet. Und in einem im Hinterhof errichteten Neubau in der Ortensteingasse 4 gibt es seit Mai 2016 die exquisite *OOA Gallery*, doch schon im Dezember 2016 wurde klar, dass ihr Standort von kurzer Dauer sein würde: Die Räume wurden verkauft und werden demnächst als Wohnung genutzt.

Künstler haben immer wieder in Steinach gewohnt und gearbeitet. Der impressionistische Maler Leo Putz, dessen wunderbares Werk von den Nazis als entartet klassifiziert wurde, ist hier geboren (Steinachplatz 23). Der Zeichner, Dichter und Kunstkritiker Peter Lloyd besaß und bewohnte das Haus Santer Klause. Und Pichler hatte gemeinsam mit Matthias Schönweger und Jakob de Chirico ein Atelier in der Hallergasse – die drei mischten in den 1970er-Jahren als linke Rebellen das Meraner Kulturleben auf und waren nicht überall gern gesehen. Während Pichler mich auf meinem Spaziergang durch Steinach begleitet, erzählt er, er habe mit Gilbert von Gilbert & George, dem berühmten britischen Künstlerpaar, an der Akademie in München studiert. Von St. Martin in Thurn aus startete der Ladiner Gilbert Proesch eine internationale Karriere, wie übrigens auch der in Meran geborene und in New York lebende Maler Rudolf Stingel, der zu den zwanzig weltweit meist verkauften Künstlern gehört. Doch Pichler neidet ihnen den Erfolg nicht, er zieht dem hektischen Kunstbetrieb die ruhige Lebensqualität und die Nähe zu geschätzten Menschen vor. Gute Nachbarschaft wird in Steinach großgeschrieben; tatsächlich treffen wir auf unserem Weg immer wieder einen von Pichlers Bekannten und alle haben Zeit für ein Gespräch.

Wohnen in Steinach: Trotz enger Gassen da und dort viel Grün auf den Balkonen

In der Passeirergasse 25, wo sich früher die Metzgerei Moosmaier befand, stößt man im Vorbeigehen auf einen Laden, den der afrikanische Schneider Sidi Diallo betreibt. Farbenfrohe Kleidungsstücke im *african style* leuchten einem hier entgegen, maßgeschneidert und geändert wird aber auch alles andere, was die Kundschaft eben so wünscht. Sidi Diallo lebt und arbeitet seit Langem in Meran und ist ein Beispiel gelungener Integration.

Direkt nebenan befindet sich der nonkonformistische *ost west club est ovest*, so der vollständige Name, der von der politisch gewollten sauberen ethnischen Trennung in Südtirol nichts hält und Wert darauf legt, Kultur für beide Sprachgruppen, die deutsche wie die italienische, anzubieten. Der *ost west club* versteht sich als Kultur- und Kommunikationszentrum, hierher kommen die alternativen MeranerInnen, nicht die Touristen. Ein jeder, der in dem kleinen Lokal im Beisl-Stil ein Bier trinken will, muss – so verlangt es die Gewerbeordnung – Clubmitglied werden. Um wenig Geld kann man den Touristenstatus ablegen, einfach dazugehören und damit zum Beispiel einen vergnüglichen Abend mit einer Live-Jazzband verbringen. Vom *ost west club* wird noch öfter die Rede sein.

Im Steinachviertel gehen die Uhren ein wenig anders, hier herrscht der Geist einer Gruppe von Menschen, die mehr in der Selbstverwirklichung als dem reinen Gelderwerb ihre Lebensqualität suchen, abseits von Konsum und Hektik einem alten Handwerk nachgehen oder Kunst und Kultur von der Basis her pflegen wollen. Es sind Menschen, die noch ihre Nachbarn kennen und mit ihnen in Austausch stehen wollen, die sich in ihrem Tun und Lassen immer wieder neu erfinden. Das bedeutet allerdings, dass nicht alle Unternehmungen, die heute gedeihen, auch morgen noch an derselben Stelle zu finden sind.

Murales in der Passeirergasse, 2006 gemalt von den Künstlern Blu und Erica il Cane aus Bologna

Vom Handwerk zur Kunst – zu Besuch in der Offizin S.

Die vielen verschiedenen Handwerksbetriebe – Metzger, Bäcker, Schuster –, die bis in die 1960er-Jahre in Steinach vertreten waren, sind verschwunden. Doch da und dort wird verschüttetes Wissen wieder ans Tageslicht geholt und der heutigen Zeit angepasst – so etwa in der *Offizin S.* von Siegfried Höllrigl, Valentin-Haller-Gasse 5. Hier, im Elternhaus des Druckers, wird das Druckerhandwerk nach altem Stil, doch keineswegs rückwärtsgewandt betrieben: Seit 1985 wird es als *Werkstatt für Literatur, Typographie und Graphik* belebt, seit 1984 außerdem als Galerie geführt. Die Galerietätigkeit wurde zuletzt mit regelmäßigen Frühjahrs- und Herbstausstellungen mit Künstlern aus der Region und dem Ausland intensiviert.

Bei aller Pflege, derer ein so altes Haus immer bedarf, wird hier bewusst nichts verändert; Bausubstanz und Innenausstattung sind noch ganz so, wie sie früher waren: im Erdgeschoss die zwei Räume der Druckerwerkstatt, in der Höllrigl bibliophile Lyrikausgaben und Einzeldrucke mit Texten namhafter Autorinnen und Autoren von Hand mit Bleilettern setzt. Das Inventar besteht aus originalen Bleisetzkästen, Typen, verschiedenen Druckpressen und Druckmaschinen, die Höllrigl sich von überallher

Im Fenster der Offizin S. hängen die jeweils neuen Plakate von Siegfried Höllrigl.

beschafft hat. Er hat sogar zwischen 1993 und 2000 das historische Original einer Druckpresse aus dem sechzehnten Jahrhundert renovieren lassen, um dann eine ebensolche Presse aus Nussholz nachbauen zu können – die sogenannte Rigoberta.

Siegfried Höllrigls Ausstattung mit Seltenheitswert dient Erlesenem aus Literatur und bildender Kunst. Jedes Druckwerk basiert auf einem persönlichen Kontakt. Seine Beziehungen hat Höllrigl seit 1993 vornehmlich beim *Lyrikpreis Meran* geknüpft, bei dem immer wieder namhafte Dichterinnen und Dichter anwesend sind. Höllrigl hat Texte von bekannten Autorinnen wie Sarah Kirsch und Margarete Hannsmann gedruckt, seine Beziehungen reichen bis zu Friederike Mayröcker in Wien oder Kurt Drawert in Darmstadt. Doch gedruckt werden nicht nur Texte, sondern auch Zeichnungen, Holzschnitte und andere Grafiken von Künstlern aus dem In- und Ausland. Darüber hinaus ist Höllrigl nicht nur ein zu gepflegter Typografie neigender Drucker, sondern selbst auch Schriftsteller, u. a. Verfasser von Gedichten. Als Sechzigjähriger ging er in drei Monaten zu Fuß von Meran nach Istanbul und führte dabei Tagebuch, was sich in einem literarischen Reisebericht – 2011 unter dem Titel *Was weiß der Reiter vom Gehen* als Buch erschienen – niedergeschlagen hat.

Vom Erdgeschoss führt das Treppenhaus nach oben, wo eine Küche, ein Depot und zwei weitere Räume entweder für größere Einladungen oder für Kunstausstellungen zur Verfügung stehen. Nicht nur das Gespräch über Kunst, Literatur und Gesellschaft, auch die Gastfreundschaft ist in diesem Haus ein deutliches Thema. Und am Ende ist es vor allem das Gespräch unter Freunden, das man von einem Besuch in der Offizin S. mitnimmt.

Ist man zu Besuch in der Offizin S., so ist auch Höllrigls Lebensgefährtin Brigitte Maria Widner nicht weit. Sie übernimmt für die Offizin die Buchbindearbeiten und unterhält ganz in der Nähe, am Pfarrplatz 10 (Steinachpassage), ihr eigenes Atelier B. – eine Werkstatt für Buch, Papier und Grafik. Der Umgang mit kostbaren, teilweise handgeschöpften Papieren, das Herstellen und Bedrucken von Papier, das Arrangieren und Gestalten sowie die Fadenbindung nach alten Vorgaben sind Brigitte Widners Spezialität. Sie verwendet zum Beispiel Papiere aus der Offizin S., die durch mehrfachen Farbabrieb ganz besondere Farbschichtungen aufweisen. Die solcherart entstandenen Papierbögen werden keineswegs als minderwertig oder gar als Abfall gesehen, sondern als wertvolle Einzelstücke, die den Ausgangspunkt für Neues und ganz anderes darstellen – besonders schöne Blätter werden sogar ausgestellt und einzeln verkauft. Brigitte Widner verwendet sie darüber hinaus für die Herstellung von Schreibbüchern, sie zieren entweder den Einband oder werden in den Schreibbuchblock mit eingearbeitet. Das Ergebnis sind handgearbeitete Einzelstücke, nicht vergleichbar mit der üblichen Industrieware, die als Notiz- oder Tagebuch, als Vormerk- oder Adressbuch zu verwenden sind. Sie können neben anderen Artefakten und Papierbögen im Atelier B. käuflich erworben werden.

Gegenüber vom Atelier B. hat der Künstler Matthias Schönweger ein Schaufenster. Hier findet man Kuriosa aller Art, die er gesammelt oder selbst hergestellt, in jedem Fall neu

Blick von Steinach zum Pulverturm auf der Tappeinerpromenade, im Vordergrund ein prächtiges Exemplar der Meraner Rose

kombiniert und arrangiert hat. Den Schönweger kennt jeder hier, er ist seit Jahrzehnten eine feste Größe in Merans Kunstszene und schafft Malerei, Grafik, Plastik sowie konkrete Poesie. Er ist ein Satiriker mit Samthandschuhen, geschmeidig, verspielt, manchmal kritisch, doch nie wirklich böse.

Vom Steinachviertel zur Passer

Die Valentin-Haller-Gasse mündet in den Steinachplatz, einen kleinen malerischen Winkel mit riesigem Maulbeerbaum. Hier ist zu erkennen, dass das Zeitgemäße, um nicht zu sagen: das Übliche, sich auch in diesem alten Viertel allmählich Raum verschafft. Die schöne, doch etwas heruntergekommene Villa, vor der eine hochgewachsene Zeder steht, ist eingerüstet, sie wird hoffentlich nur renoviert. Gleich nebenan aber ist in einer Häuserlücke nach dem Abriss eines Wohnhauses ein Neubau entstanden, weiter drüben noch einer: Es sind allem Anschein nach hochpreisige Wohnungen, die zum Verkauf stehen. Jene, die es sich leisten können, drängen in das alte Viertel herein, sie könnten den oben skizzierten Steinach-Geist allmählich verdrängen – oder aber dazu beitragen, ihn mit ihren Möglichkeiten zu erhalten, wer weiß. Mit dem Ziel, das Viertel einerseits zu beleben, es andererseits aber auch zu schützen, haben die Steinacher einen Verein gegründet, der sich gegen allzu massive Veränderungen wehrt.

Wer das mit einiger Regelmäßigkeit tut, ist Siegfried Höllrigl: Seit zwanzig Jahren übt er scharfe Stadtkritik, wo er es für nötig hält. Die Kernaussagen dieser Kritik gestaltet er zu Plakaten und hängt diese ins Schaufenster seiner Werkstatt. Auch versendet er die Plakate – die Serie nennt er *Spiegelungen* – an

Renovierungsobjekt: schöne alte Villa am Steinachplatz

die Gemeinde oder den Bürgermeister persönlich, an verantwortliche Baumeister, Bauherren und Architekten. „Wer keine Gedichte liest, der kann auch keine politische Arbeit leisten." – Dieses von Klaus Wagenbach stammende Zitat aus einem ORF-Interview im November 2006 dient ihm dabei als Leitspruch. Es ist meist das unbedachte und unkontrollierte, das auf Gier und Profit beruhende Bauen in einer sensiblen Zone, das angeprangert wird – Weckruf und Mahnbotschaft in schöne Lettern gegossen, rot-schwarz auf raues, großporiges Papier gesetzt, ein subversiv-ästhetischer Blickfang, der die Vorübergehenden anspringt. Die Plakate wollen aufrütteln und verhindern. Doch zugleich geht es nicht nur um den Einzelfall einer Bausünde und die zu treffenden Gegenmaßnahmen der Bürgerinnen und Bürger; mit den Spiegelungen stellt Höllrigl generell unseren westlichen, auf Konsum, Fortschritt und Rücksichtslosigkeit basierenden Lebensstil und das, was damit fast zwangsläufig einhergeht, zur Diskussion.

Doch wir waren beim Steinachplatz: Von hier aus gehe ich die Hallergasse zurück und zweige auf halbem Weg rechts in eine Nebengasse ein. Sie führt auf der Rückseite des Gartens von Schloss Kallmünz weiter bergab Richtung Passer. An einer

Die Wandelhalle, umrankt von Glyzinien

engen Kreuzung kann man nach rechts und vor zum Sandplatz gehen. Der Sandplatz hat durch die kürzlich vorgenommene Neugestaltung nicht gewonnen, im Gegenteil: viele MeranerInnen waren über die sterile, geradezu abweisende Neugestaltung schockiert und halten den Platz, auf dem einst große Bäume standen, für ruiniert. Dennoch bildet der Sandplatz den südwestlichen Abschluss des Steinachviertels und verdankt seinen Namen den einstigen sandigen Ablagerungen des Flusses. Die ebenen Passerwiesen in Passeier werden heute noch *Santn* (Sanden) genannt, und der *Sandwirt*, bekanntlich der Tiroler Held Andreas Hofer, verdankt seinen Namen so manchem Hochwasser der Passer, also eigentlich einer katastrophalen Überflutung von Haus und Flur. Wegen der vielen Überflutungen wurden entlang der Passer sogenannte Sorgenbauten angelegt – also Wälle, die die tiefergelegenen Stadtteile vor Wassereinbruch schützen sollten. Auf diesen Wällen wurden später die beliebten Promenaden angelegt, in vortouristischer Zeit gab es hier Wege, die von der weitgehend armen Bevölkerung für das einzig mögliche Vergnügen, den Sonntagsspaziergang, genutzt wurden.

Auf dem Sandplatz befand sich übrigens auch die Hauptpost (seit 1914 liegt sie auf der anderen Passerseite): Hier kamen alle Waren und Pakete mit der Postkutsche an. Bis ins neunzehnte Jahrhundert wurden die Pakete nicht zugestellt, die Bürger stellten sich zwei- oder dreimal die Woche bei der Post an und wurden entsprechend aufgerufen. Nicht umsonst wird die Gasse, die durch das Bozner Tor bergauf führt, bis heute Postgasse genannt. Im Turm des Bozner Tores, das die Stadtmauer begrenzte – im Mittelalter war es gewöhnlich durch eine Eisentür geschlossen –, war ein weiteres Henkerstübchen untergebracht; der Henker wohnte nicht das gesamte Mittelalter hindurch in Steinach. Diesen Raum kann man heute für kleinere private Feiern mieten, er gehört der Gemeinde, wird aber vom angrenzenden und sehr empfehlenswerten Restaurant Gasthaus Sigmund bewirtschaftet.

Will man von Steinach kommend nicht zum Sandplatz, so kann man sich hinter Schloss Kallmünz auch links halten und gelangt so nach kurzer Wegstrecke auf die Winterpromenade. An dieser Stelle endet die historische *Wandelhalle*, ein lang gezogener, 1864 errichteter Säulengang im Jugendstil – eines der Aushängeschilder der Kurstadt und tatsächlich ein überaus schöner Platz: Prächtige Glyzinien ranken sich die grün bemalten schmiedeeisernen Jugendstilträger empor, die Kuppeln sind mit Stuckaturen geschmückt und die Wände stellen eine offene Bildergalerie dar. Die Bilder, vorwiegend Landschaftsgemälde, sind im neunzehnten und zwanzigsten Jahrhundert entstanden und wurden unter anderem geschaffen von Franz J. Lenhart, der aus Kufstein in Nordtirol stammte, in Wien und Florenz studierte und sich 1922 als junger Grafiker in Meran niederließ. Lenhart wurde vor allem durch seine innovativen Fremdenverkehrsplakate bekannt, die Südtirol nicht mehr als das Land finsterer Andreas-Hofer-Gestalten, sondern als mondänes Freizeitparadies zur Geltung brachten. Lenhart-Plakatoriginale wurden bald eine gesuchte Rarität, als Reproduktionen sind sie für jedermann erschwinglich.

Schaut man sich am Ende der Wandelhalle um, entdeckt man die Villa Fanny, die nach einer berühmten Tänzerin benannt ist, und des Weiteren ehemalige Hotels – das Deutsche Haus (Hotel Merano) und die Pension Hassfurther (Cremona Ritz). Es sind großzügige Gebäude mit Ausblick auf die Passer, gebaut in dem für Meran typischen Villenstil.

Noch im Bereich der Wandelhalle, in der im Sommer jeden Donnerstagabend Tango getanzt wird, befindet sich das sympathische Café Wandelhalle, das Frau Nicoletta mithilfe ihrer Mutter führt und in dem im Sommer gern auch die Einheimischen einkehren: Das Café stellt Spielzeug bereit, Kinder können hier weitab von jedem Autoverkehr umhertoben und da, wo der Stamm eines Baumriesen von Erde umgeben ist, ungestraft Sand spielen. Hier lasse ich mich nieder und trinke einen Kaffee. Während ich meine Besuche im Steinachviertel Revue passieren lasse, erinnere ich mich an die Schilderung eines Bekannten: Schönweger, Pichler, de Chirico und einige andere Gesinnungsgenossen stiegen eines Nachts, es muss in den 1970er-Jahren gewesen sein, ins Passerbett und bemalten die großen Flusssteine bunt – zum Schrecken der Meraner Bürger am darauffolgenden Tag. Aktionen dieser Art sollten aus der Sicht der damals Jungen das konservative Meran aufrütteln.

Vom kleinen, gemütlichen Café Wandelhalle wechsle ich ins mondänere Café Darling, um Zeitungen zu lesen. Das Darling, das sich am Beginn der Winterpromenade befindet, ist wegen seines großen Zeitungsangebotes bei den Intellektuellen Merans besonders beliebt. Hier kann man im Sommer unter Sonnenschirmen im Schatten sitzen und lesen, doch auch im Winter ist im Inneren genügend Platz zum Verweilen. Die Winterpromenade heißt übrigens so, weil sie südseitig ausgerichtet ist und darum besonders in der kalten Jahreszeit zum Spazieren einlädt. Auf der anderen Passerseite verläuft die schattigere Sommerpromenade, sie mündet in den Sissi-Park,

Auch im Winter bietet das Café Darling das richtige Ambiente zum Lesen der Tagespresse.

der zu Ehren von Kaiserin Elisabeth von Österreich, die wiederholt Kurgast in Meran war, angelegt wurde. Das Promenadennetz in Meran ist insgesamt bemerkenswert: Es ist sagenhaft schön und bietet nicht nur den Fremden, sondern auch den Einheimischen viel Erholungsmöglichkeit. Das gilt nicht zuletzt für den berühmten Tappeinerweg, der vom Pfarrplatz aus oberhalb von Meran nach Westen bis Gratsch hinaus führt. Auch von den Berglauben aus kann man über die Galileistraße in den Tappeinerweg einfädeln.

Argentinischer Tango in Meran

Wenn man an einem Sommerabend in die Nähe der Wandelhalle gelangt und verführerische Tangomusik vernimmt, dann heißt das, dass an einem der schönsten Orte Südtirols wieder einmal das Tanzbein geschwungen wird. Es ist unbedingt zu empfehlen, sich darauf einzulassen und eine Stunde zu verweilen – zumindest zuschauend und zuhörend. Viele Tänzer sind zum Tango gekommen, weil die Atmosphäre dort so außergewöhnlich ist. Die Wandelhalle ist zweifellos ein bezauberndes Parkett für diesen formvollendeten, eleganten und durchaus auch erotischen Tanz.

Der Tango kommt zu dir, sagt mir eine der Tänzerinnen; ich habe sie in Meran beim Tanzen beobachtet und spreche sie darauf an. Sie sei tatsächlich eines Abends hier vorbeigekommen und von diesem Tanz sofort fasziniert gewesen. Nach den ersten Schritten und Drehungen habe man ihr Talent bescheinigt und zum Besuch eines Tangokurses geraten.

In Meran wird nicht nur in der Wandelhalle, sondern auch im *ost west club* und im ehemaligen Hotel Emma in der Freiheitsstraße Tango und Milonga, die etwas schnellere Schwester des Tango, getanzt. Dass auch im Hotel Emma die Atmosphäre sehr schön ist, davon konnte ich mich selbst

Im schön ausgestatteten Speisesaal des ehemaligen Hotel Emma trifft man sich zum Tango.

überzeugen – als Zuschauerin. Tango-Workshops werden für Anfänger und Fortgeschrittene im von Meran einige Kilometer entfernten Lana etwa bei *Tadanz* mit Franz Weger und Mariatullia Pedrotti angeboten. Wer einmal Feuer gefangen hat, will weiterkommen und immer häufiger zum Tanz gehen, daher fahren echte Tangotänzer (tangueri) auch nach Bozen oder in italienische und österreichische Städte, um möglichst viele Tangomeetings wahrzunehmen. Sie finden in alten Ansitzen, in modernen Sälen und manchmal auch einfach auf der Straße statt; meist werden CDs aufgelegt, eine Livekapelle spielt nur selten und zu besonderen Gelegenheiten.

Das Tangofeeling, das Spüren des Tangorhythmus im Körper, ist auch in den jüngsten Lyrikband der Meranerin Anne Marie Pircher eingeflossen: „Hier kann ich eine Weile ausharren / aus alten Räumen treten / Verführerin oder Zuschauerin sein / vielleicht auch nur einem Bild / einen Namen geben / wenn die Frau ihren Kopf / auf den des Mannes legt / im Tanz […].“

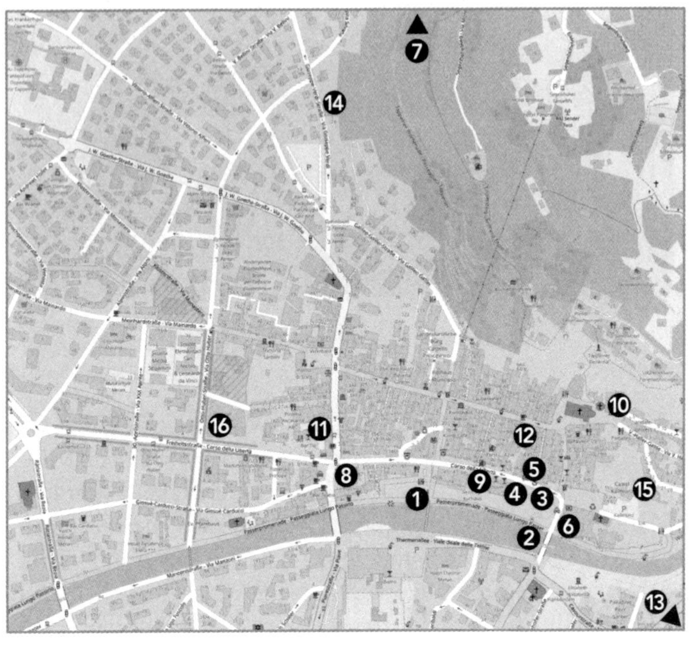

1 *Kurpromenade*
2 *Postbrücke*
3 *Piccolo Bar*
4 *Bar Rossini*
5 *Wunderbar*
6 *Schmuckdesign Frühauf*
7 *Brunnenburg*
8 *Stadttheater Meran / Teatro Puccini*
9 *Theater i. d. Altstadt*
10 *Nikolaussaal*
11 *Stadtbibliothek*
12 *ES gallery / Altes Gerichtsgebäude*
13 *Schloss Pienzenau*
14 *Hotel Ottmanngut*
15 *Ansitz Kallmünz*
16 *Hotel Bellevue*

Hier flanierten sie alle: Künstler vergangener Zeiten

Man traf sich auf der Promenade

Ich sitze gern auf einer der Bänke der Kurpromenade und höre dem Rauschen der Passer zu. Auf diesen Wegen, denke ich, gingen einst die Kühe spazieren – die elegante Postbrücke war im Mittelalter ein Holzsteg, über den die Herden aus der Stadt hinaus- und in die Stadt hereingetrieben wurden. Wo heute die Kurpromenade ist, wurde vor Jahrhunderten die Holzlände betrieben: Die in den Passeirer Wäldern gefällten Bäume wurden auf dem Wasserweg in die Ebene transportiert und hier aus dem Fluss gefischt. Auch arbeiteten im Mittelalter entlang der Passer, außerhalb der Stadtmauern nämlich, all jene Handwerksbetriebe, die Lärm oder Gestank erzeugten, neben der Holzverarbeitung etwa auch die Gerbereien. Ich versetze mich gern in das damalige Treiben zurück, stelle mir die schwere Arbeit vor, die Holz- und Fellverarbeitung, das Schneiden, Hacken und Färben. Und dann: plötzlich Schnitt und ein Sprung über die Jahrhunderte – das Bild nobler Gäste: Die Frauen spazieren mit Schirmchen und schwingenden Röcken, die Herren mit Zylindern und gelackten Schuhen. Dazwischen der eine oder andere Bohemien mit staubigem Anzug – die Lustbarkeiten, das höfliche Getue, die Gespräche. Und die Künstler.

Meraner Promenadenordnung – vor dem Ersten Weltkrieg

Die Promenaden und Anlagen sind vorzugsweise den Kurgästen und Touristen, dann den Einheimischen des Kurbezirkes geöffnet. Bei großer Frequenz werden die Einheimischen den Kurgästen gegenüber bei Benützung der Sitzplätze um die gebotene Zurückhaltung gebeten. Personen, welche durch Kleidung oder Betragen Anstoß erregen, sind ausnahmslos durch die Aufsichtsorgane abzuschaffen.

Das Aufwirbeln von Staub durch nicht fußfreie Kleider der Damen ist strengstens verboten (wichtig für Lungenkranke).

Die Passage auf den Promenaden und insbesondere in der Nähe des Musikpavillons während der Promenadenkonzerte ist untersagt.

Das Rauchen ist untersagt: a) vor dem Kurhause, mit Ausnahme des Teiles der Terrasse vor der Restauration und längs der Passer; b) in allen Wandelbahnen der Kuranlagen; c) in den betreffenden Anlagen während der Promenadenkonzerte.

Hunde sind in sämtlichen Anlagen an der Leine zu führen. Fahren (mit Ausnahme der Rollwägen) und Reiten ist in allen Kuranlagen verboten.

Das Abreißen von Pflanzen und Blumen ist strengstens untersagt und haben die Parkwächter die Dawiderhandelnden zur Anzeige zu bringen.

Das Belegen der Plätze (Stühle, Bänke) während der Musikstunden ist nicht gestattet.

In den Wandelhallen ist das Stehenlassen der Kinderwägen sowie den Kindern das Spielen und Lärmen untersagt. Die Wandelhallen dürfen mit Rollwägen nicht befahren werden.

Es wird ersucht, zum Ausspucken die Spucknäpfe zu benützen (wichtig für Lungenkranke).

Das Kurhaus und die Kurpromenade

Neben den Kurbedürftigen kamen auch Promis, Bonvivants und natürlich viele Kunstschaffende nach Meran. Sie traten im Theater auf, musizierten, schufen Baudenkmäler und dienten damit, jeder auf seine Weise, einem verwöhnten Publikum. Schönheit zieht Menschen mit Sinn für Schönheit an. Die alpine Landschaft inspirierte die Geister, ließ sie ihre Eindrücke malerisch festhalten, in Musikkompositionen fassen oder dichterisch gestalten. Es gibt viele Zeugnisse solchen Niederschlags und mehrere ausgezeichnete Bücher, die diese dokumentieren – zum Beispiel von Ferruccio Delle Cave, einem freischaffenden Kulturhistoriker und Leiter der Literaturabteilung im Südtiroler Künstlerbund: Das überschwängliche Lob, das manche Künstler, darunter klingende Namen, für Meran aufbrachten, berührt. Und es ist erstaunlich, wer so alles in Meran zu weilen pflegte.[2]

---

2 *Zum Thema siehe: Ferruccio Delle Cave: Meraner Notenspuren. Musik und Gesellschaft in der Passerstadt. Bozen: Ed. Raetia 2014.*
Ferruccio Delle Cave, Bertrand Huber, Elke Waldboth: Meran. Ein literarischer Spaziergang durch die Passerstadt. Bozen: Athesia 1998.
Ferruccio Delle Cave, Bertrand Huber: Meran im Blickfeld deutscher Literatur. Bozen: Athesia 1989.
Ferruccio Delle Cave, Gerhard Fasholt, Stephan Kofler: Max Reger. Von Meran nach Jena. Bozen: Athesia 2016.

Richard Strauss, Max Reger und Béla Bartók waren hier, Franz Liszt, Edvard Grieg, Clara Schumann und Natalia Prawossudowitsch ebenfalls (Letztere ist in Meran am Evangelischen Friedhof beerdigt). Mit Franz Kafka, Arthur Schnitzler, Thomas und Heinrich Mann, Rainer Maria Rilke, Lion Feuchtwanger, Christian Morgenstern, Stefan Zweig, Gottfried Benn, Gertrud von Le Fort, Fritz Herzmanovsky-Orlando (er liegt ganz in der Nähe von Prawossudowitsch) war auch die Literatur höchst prominent vertreten. Dazu kamen die Italiener, Franzosen und Briten – viele von ihnen haben Zeilen oder Briefstellen über Meran hinterlassen.[3]

Bemerkenswert ist eine literarische Spur, die von einem stammt, der gar nicht in Meran gewesen ist. Der junge Hugo von Hofmannsthal war schon berühmt, als er Marie von Gomperz kennenlernte; die Anziehung war beidseitig, es entspann sich ein intensiver Briefwechsel. Die junge Frau war leidend und verbrachte mit ihrer ebenfalls leidenden Mutter u. a. Kuraufenthalte in Meran. Am 4. Mai 1892 schrieb sie – stilistisch gekonnt – dem Freund einige Naturschilderungen: „[…] die ganze Landschaft war in Licht getaucht, die krystallhelle, durchsonnte Luft war sichtbar u. lag in dichterem und dünnerem Duft schimmernd über Berg und Thal, über dem Kamm der Mendel schwebte ein Kranz von Alabasterweißen Wolken mit grauen Schatten, von goldigem Lichte umrändert, Wolken, wie sie auf den Bildern alter Meister Engel u. Madonnen tragen, […].“[4] Diese Briefzeilen tauchen nahezu wörtlich in Hofmannsthals Einakter *Der Tor und der Tod* wieder auf, als Verse, gesprochen von dem am Fenster sitzenden und in die Ferne blickenden Claudio: „Die letzten Berge liegen nun im

---

3 Themenspaziergänge mit Patrick Rina können über Merans Kurverwaltung oder über die private E-Mail-Adresse (patrick.rina@hotmail.de) gebucht werden.

4 Ulrike Tanzer: Einleitung. In: Ulrike Tanzer (Hg.): Hugo von Hofmannsthal. Briefwechsel mit Marie von Gomperz 1892–1916. Freiburg i. B.: Rombach 2001, 9-31, hier 27.

Blick von der Gilfpromenade zum Pulverturm

Glanz, / In feuchten Schmelz durchsonnter Luft gewandet, / Es schwebt ein Alabasterwolkenkranz / Zuhöchst, mit grauen Schatten, goldumrandet: / So malen Meister von den frühen Tagen / Die Wolken, welche die Madonna tragen.“ Das Beispiel zeigt, dass intensive Meran-Eindrücke durchaus auch weitergereicht wurden.

Unter den Malern, die Meran und seine Umgebung geschätzt haben, finden sich große Namen der Kunstgeschichte des zwanzigsten Jahrhunderts wie Gabriele Münter und Wassily Kandinsky. Die Bilder, die sie im Freien malten, sind ihre letzten Arbeiten im Stil der impressionistischen Landschaftsmalerei – kleine, mit der Spachtel ausgeführte Ölstudien vor der Natur. Drei Bilder von Kandinsky und zwei von Münter tragen im Titel den Ortsnamen Lana. Und Franz Marc, der über seine Freunde ebenfalls hierherkam, schuf das Bild *Das arme Land Tirol*, das insofern fasziniert, als es (nach Überarbeitung im Jahr 1914) ein aufgesplittertes Formgefüge zeigt – zerbröckelte Berge, das darunterliegende Dorf verwüstet. Das Bild kann als visionär bezeichnet werden, es wurde zu Beginn des Ersten Weltkrieges gemalt, dessen Opfer Franz Marc als Soldat in Verdun wurde.

Die Meraner Avantgarde in den Jahren 1945–1960

Die urbane Seite der Kurpromenade zeigt sich in der Freiheitsstraße mit ihren Lokalen wie dem *Piccolo* und dem *Rossini*. Künstler ohne Bars? Künstler ohne Lokal als Treffpunkt, als Austausch- und Informationsbörse? Kaum denkbar. Bars waren (und sind) Orte der Debatte über Politik und Kunst, auf die eine öffentliche Aktion oder eine künstlerische Arbeit folgte. Die Bars der Künstler sind auch vielfach in die Geschichte eingegangen; in Meran war es die heute noch existente, aber nicht mehr mit damals vergleichbare *Wunderbar*, die Kultstatus erlangte: Sie war in der Nachkriegszeit maximal angesagt und ein Laboratorium für Allerneuestes. Heute ist es eher die ebenfalls in diese Zeit zurückreichende *Piccolo Bar*, in der man sich trifft.

Von den Ereignissen der späten 1940er- und der 1950er-Jahre wissen heute nur noch die historisch wirklich interessierten MeranerInnen, was nicht zuletzt daran liegen mag, dass diese Geschichte zumindest zur Hälfte eine italienische ist. Denn gleich nach dem Krieg waren es die Italiener, die politisch wie kulturell an den Schlüsselpositionen saßen und etwas bewegen konnten. Das änderte sich erst allmählich ab Mitte der 1960er-Jahre. Die Nachkriegszeit war eine politisch höchst brisante Zeit,

Die Bar des Cafè Darling

Meran wurde zur pulsierenden Kulturstadt, denn die Kunstszene hatte sich – ein zufällig sich ergebendes Geschenk in prominenter weiblicher Gestalt – international ausgerichtet. Dazu muss man ein wenig ausholen: Der Maler Emilio Dall'Oglio war die treibende Kraft; direkt neben der *Wunderbar* wurde eine winzig kleine Galerie eingerichtet, die *Galleria del Corso*, in der zeitgenössische bildende Kunst gezeigt wurde, während sich (laut Luigi Serravalli, einem der wichtigsten Zeitzeugen der Epoche) in der Bar nebenan alte, auf der Flucht befindliche Faschisten unerkannt unter die Intellektuellen mischten. Die Eröffnungsausstellung war dem italienischen Maler Fiorenzo Tomea gewidmet. Das Geschenk war indes keine Geringere als Peggy Guggenheim, die Anfang 1950, zunächst auf der Suche nach Ruhe und Erholung, in die Gegend kam und bald als Kunstvermittlerin und Mentorin eine wichtige Rolle im Meran jener Jahre spielte. Peggy Guggenheim, deren Vater auf der legendären Titanic sein Leben verloren hatte, hatte ein Vermögen geerbt und lebte, von Konventionen befreit, an der Seite mehrerer Männer. Zu ihren Ehemännern gehörte der surrealistische Maler Max Ernst. Peggy Guggenheim galt als *Femme fatale*, war aber eine große Kunstkennerin und Förderin, sie unterstützte und vermittelte durch ihre Kunstankäufe Künstler aus

Die Freiheitsstraße im Zentrum von Meran

aller Welt. Als sie den Palazzo Venier de Leoni[5] in Venedig bezog, in dem noch heute ihre beeindruckende Privatsammlung moderner Kunst der Öffentlichkeit zugänglich ist, war sie bereits über fünfzig Jahre alt.

Luigi Serravalli – er stammte aus Bologna, war Wahlmeraner, Journalist, Kunstkritiker und Cineast – erinnerte sich viele Jahre später in seinem launigen Buch *A Merano in attesa di Ezra Pound*[6] an den Moment, als die Guggenheim die *Wunderbar* betrat (abkürzend übersetzt v. d. Verf.): „Während eine Ausstellung nach der anderen gezeigt wird, betritt eines Tages eine Dame mittleren Alters die Galerie, in einem Breitschwanz-Pelzmantel, die Haare silbergraublau, der Umgangston ungezwungen, vom Italienischen ins Englische wechselnd, als wenn nichts wäre. Emilio stürzt sich auf sie und es stellt sich heraus, dass es sich um jene berühmte Peggy Guggenheim handelt, amerikanische Sammlerin und Galeristin, die in den 1940er-Jahren im Zentrum von New York eine eigene Kunst-

---

5 *Peggy Guggenheim Collection in Venedig, Dorsoduro 701–704.*
6 *Luigi Serravalli: A Merano in attesa di Ezra Pound. Trento: Curcu & Genovese 2002, 41 ff.*

galerie unterhalten hat. Emilio, der ein hübscher Bursche war, groß, elegant, ausgezeichneter Tänzer (als Maler weniger gut), war Besitzer der Minigalerie, der kleinsten Galerie der Welt, wie Peggy sagte. So ist Peggy [...] ein bisschen Meranerin geworden."

Bald gab es, mehrfach vermittelt von Peggy Guggenheim, in der „kleinsten Galerie der Welt" Werke von Pollock, Picasso, Guttuso, Ernst, Morlotti, Brancusi, Chagall, Klee und Dalí, aber auch von heimischen Künstlern wie Paul Flora und Karl Plattner zu sehen. Den meisten MeranerInnen war gar nicht bewusst, welche Kunstgrößen hier ausgestellt wurden, man zeigte wenig Verständnis für diese sehr moderne Kunst, interessierte sich nicht oder protestierte gar dagegen. Während die lokale Avantgarde, Leute wie der Fotograf Oswald Kofler, der Schmuckdesigner Anton Frühauf, der Architekt Willy Gutweniger oder der Maler Antonio Manfredi, ihre Freude an dieser Entwicklung hatten, regte sich der Widerstand alteingesessener Künstler und erzkonservativer Bevölkerungskreise. Doch das blieb nicht unwidersprochen: 1955 kam es zum sogenannten *Meraner Künstler-Manifest*, in dem Künstler, Künstlerinnen und Intellektuelle gegen das Unverständnis auftraten und Anerkennung oder zumindest Respekt forderten. 1958 wurde schließlich eine Gemeinschaftsausstellung der wichtigsten Künstler der Region organisiert, darunter Emilio Dall'Oglio, Peter Fellin, Hans Ebensperger, Anton Frühauf, Oswald Kofler, Antonio Manfredi und Oskar Müller.

Manche der Künstler jener Zeit waren antibürgerlich-genial, z. B. Frühauf. Nicht weit von der Promenadenbank, auf der ich immer noch sitze und in einem Buch mit dem Titel *Perspektiven der Zukunft*[7] blättere, nämlich an der Ecke Postbrücke und Winterpromenade, befindet sich in einem vorgebauten Pavillon

7 *Markus Neuwirth (Hg.): Perspektiven der Zukunft. Meran 1945–1965. Katalog. Lana: Tappeiner 2012.*

Streng und verspielt zugleich: das Gebäude am Eck Sommerpromenade – Steinerner Steg

das über hundert Jahre alte Traditionshaus für Schmuckdesign *Frühauf*. Anton war der dritte in der Familie, der so hieß, und er war eine der schillerndsten Persönlichkeiten der 1950er-Jahre in Meran. Auf der einen Seite war er wie sein Vater und Großvater Schmuckdesigner und Goldschmied, andererseits betätigte er sich auch als Grafiker und Maler, Aktionskünstler und Provokateur. In der Goldschmiedearbeit, seinem Familienerbe, leistete er Pionierarbeit, war international geschätzt und erhielt Auszeichnungen; doch zugleich legte er alles Bürgerliche mehr und mehr ab. Er ließ sich in Frauenkleidern fotografieren und nahm (nicht selten auch verkleidet) die Kunden in seinem Geschäft auf den Arm. Matthias Schönweger, der wesensverwandte Künstler und Nachkomme, hat über den exzentrischen und experimentierfreudigen Meraner Künstler eine Ausgabe der Kulturzeitschrift *Arunda* gestaltet.

Ein Außenseiter und alles andere als bürgerlich war Alois Kuperion, der heute als Künstler geschätzt ist, damals aber als *Lottrmolr* (Bettelmaler) bezeichnet wurde. Obwohl er keine malerische Ausbildung erfahren hatte, malte er formal stringente und vielfach abstrakte Landschaftsbilder – Blätter von großer Dichte und eindrucksvoller Farbgestaltung, die Anklänge an Impressionismus und Expressionismus aufweisen.

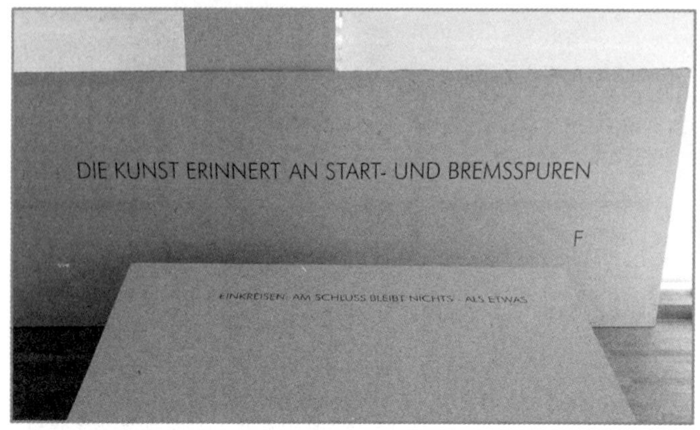

Wortkunst von Peter Fellin in einer ausgezeichneten Ausstellung im „Spazio Rizzi" in Latsch (2016). Fellin war einer der wichtigsten Künstler Südtirols.

Kuperion war ein Bauernknecht, der, wie es hieß, nach Kuhmist stank, er war bitterarm und seine Malerei wurde auf dem Land verspottet. Nach 1945 lebte er in Meran, wo er im Kreis der Avantgarde-Künstler Anerkennung und Unterstützung fand. Man kaufte ihm Bilder ab, gab ihm zu essen und einen Schlafplatz. Kuperion soll auch ein klein wenig vom Touristenstrom profitiert haben: Er ließ sich auf der Kurpromenade von Fremden fotografieren und bot seine Bilder für wenig Geld zum Verkauf an. Inzwischen ist sein Werk mehrfach ausgestellt worden, in Meran ist eine Straße nach ihm benannt.[8]

Nach dem Krieg waren es gerade die Italiener, die die ersten Schritte in eine neue Epoche wagten und damit Perspektiven für Meran eröffneten. Wichtige treibende Kräfte waren der Dichter und Maler Antonio Manfredi, der damalige Direktor

8 *Alois Kuperion (1891–1966). Hg. v. Roland Kristanell, Paul Preims, Hans Wielander. Arunda Nr. 24/1988.*
Kuperion. Malen ist mein Lebensinhalt – dipingere è tutta la mia vita. Katalog Kunst Meran. Bozen: Ed. Raetia 2015. – Die Alois-Kuperion-Straße ist eine Seitenstraße des Rennstallweges, der am unteren Ende des Pferderennplatzes von der Gampenstraße abbiegt. Im Rennstallweg befindet sich auch das Pferdedorf Borgo Andreina: Hier werden die Rennpferde versorgt.

der Kurverwaltung Giuseppe Maviglia und der rührige Verleger Vanni Scheiwiller. Sie ermöglichten nicht nur, dass die Ausstellungstätigkeit im Kurhaus in größerem Rahmen fortgesetzt werden konnte, sie stießen insgesamt zahlreiche Ereignisse der Kunst und Literatur an, luden politische Vertreter zu Ausstellungseröffnungen in die Stadt und organisierten Empfänge für bedeutende Persönlichkeiten der Literatur, z. B. für Salvatore Quasimodo, den Literaturnobelpreisträger 1959, und für den hochgeschätzten italienischen Lyriker Giuseppe Ungaretti. Damals suchte man u. a. auch die alten Grenzen zwischen deutscher und italienischer Kultur zu überwinden, was freilich nicht so einfach gelingen konnte. Aber allein der Versuch war wichtig, er bereitete den Boden, auf dem Kulturschaffende und Künstler in den 1960er- und 1970er-Jahren bauen konnten.

Einen starken Beitrag zum internationalen Flair der Stadt leisteten Persönlichkeiten wie der Philosoph und Begründer des Radikalen Konstruktivismus Ernst von Glasersfeld, der in Meran aufgewachsen war, dann die halbe Welt bereiste, ab 1938 als Farmer in Irland lebte und nach dem Krieg vorübergehend nach Südtirol zurückkehrte. Er arbeitete in dieser Zeit bei der Zeitschrift *Der Standpunkt* als Kulturjournalist und unterzeichnete mit vielen anderen das *Meraner Künstler-Manifest*. Am Gardasee lernte er den Kybernetiker Silvio Ceccato kennen, dessen Forschungsassistent er wurde. Nach seiner Übersiedlung in die Vereinigten Staaten wurde Glasersfeld, der schon als Kind drei Sprachen sprach, zu einem der einflussreichsten Denker auf dem Gebiet der Kognitionswissenschaft.

Ezra Pound und die Brunnenburg

Auch die Besitzer der Brunnenburg, Mary und Boris de Rachewiltz, waren aktiver Teil der weltoffenen Meraner Szene: Mary, Tochter der amerikanischen Geigerin Olga Rudge und des weltberühmten Dichters Ezra Pound, und ihr Mann Boris, ein italienisch-russischer Prinz und Ägyptologe. Ihre Brunnenburg war und ist bis heute ein international bekannter Anziehungspunkt für Intellektuelle und Künstler. Der Weg von Dorf Tirol geht zunächst nach Westen Richtung Schloss Tirol, zweigt dann aber bald ab und führt steil hinab zur Burg (Ezra-Pound-Straße 3). Es ist ein ehemaliger Karrenweg, die Zahl der Parkplätze vor Ort ist begrenzt, weshalb man das Auto besser in der Garage in Dorf Tirol lässt und den kurzen Fußmarsch unternimmt. Die Besucher erwartet ein Landwirtschaftsmuseum, die zur Ausstellung gestaltete Schreibstube eines Dichters von Weltrang, außerdem viel Atmosphäre und Zeitgeschichte.

Von der Burg bzw. der früheren Wehranlage, die Mitte des dreizehnten Jahrhunderts entstanden war, war nicht mehr viel übrig, als sie zu Beginn des zwanzigsten Jahrhunderts von einem Kunstschlosser aus dem Rheinland gekauft und sehr spielerisch bzw. in ungewöhnlicher Form wiederaufgebaut wurde. Geplant als romantische Residenz, brachte die Anlage dem deutschen

Der überdachte Innenhof der Brunnenburg ist im Sommer Konzertsaal und Veranstaltungsraum.

Ehepaar aber kein Glück. Der Umbau konnte nicht fertiggestellt werden, weil sich das Paar verschuldete. Als die Frau zuletzt von der Burgmauer stürzte und starb, gab der Kunstschlosser sein Vorhaben auf. Die Brunnenburg stand lange Jahre leer und war in einem desolaten Zustand, als 1947 das Ehepaar de Rachewiltz darauf stieß und sich sofort in das Anwesen verliebte.

Mary de Rachewiltz stand kurz vor der Entbindung ihres ersten Kindes Siegfried, als sie und ihr Mann die Burg mit Unterstützung Ezra Pounds kauften. Pound befand sich zu der Zeit in einem amerikanischen Gefängnis, besser gesagt in einer Irrenanstalt, in die er gesteckt worden war, nachdem er sich im Rundfunk gegen den Eintritt Amerikas in den Krieg ausgesprochen und für den italienischen Faschismus Propaganda gemacht hatte – das galt als Landesverrat.

Die Familie de Rachewiltz bezog 1948 den bewohnbaren Flügel der Burg und begann mit der Renovierung der Etagen. Auf Vermittlung von Pound kamen Besucher aus Amerika und brachten als zeitweilige Mieter etwas Geld ein, so etwa Robert Fitzgerald, der hier an seiner berühmten Übersetzung der *Odyssee* arbeitete. Auch wohnte der Verleger Vanni Scheiwiller auf der Burg. Besuche von Literaten und Dichtern bei de Rachewiltz standen an der Tagesordnung. Als Ezra Pound

Begegnung mit Mary de Rachewiltz auf der Brunnenburg im Sommer 2015

1958 entlassen wurde und aus Amerika ausreisen durfte, zog er auf die Brunnenburg und wurde zum Magnet für noch mehr Künstler und Intellektuelle. Auch sah man ihn oft in Meran, zum Beispiel auf dem Pferderennplatz, nicht selten in Begleitung seiner Enkel. Auf der Brunnenburg schrieb er wesentliche Teile seines Hauptwerks *The Cantos*. Schließlich verließ er Meran wieder und übersiedelte nach Venedig, wo er 1972 starb.

Heute können die Räume, in denen Ezra Pound lebte und arbeitete, besucht werden: Sie sind ausgestattet mit Erinnerungsstücken, Büchern, Musikinstrumenten, Fotografien und einigen Vitrinen, in denen Autografen betrachtet werden können (wobei die Präsentationsform dringend verbessert werden sollte). Pound hat sich einige Möbel selbst gezimmert, vielleicht zusammen mit seinen Enkeln Siegfried und Patrizia – die Möbelstücke sind bunt bemalt.

Man tut gut daran, sich vor einem Besuch auf der Brunnenburg ein wenig in Ezra Pounds Stellung als Dichter und Denker einzulesen, denn die kleine Ausstellung bietet kaum Erklärungen und Pounds Dichtung gehört gewiss nicht zu dem, was man leichte Kost nennen könnte. Einen Besuch wert sind die Räume aber wegen ihrer Atmosphäre; durch das große Rundfenster, vor dem Pounds Schreibtisch stand, hat man einen unglaublich schönen Blick auf Meran und das Etschtal. Und auf der Burg kann einem eine zierliche weißhaarige Dame begegnen, die hier wohnt und die trotz ihres hohen Alters auf der Terrasse Tee und Kuchen serviert: Mary de Rachewiltz hat oft Besuch, sie führt mit ihren Gästen überaus kultivierte Gespräche über Kunst und Literatur, und auch bei den Musikveranstaltungen, z. B. der exzellenten Konzertreihe *Castelcello*, einer exquisiten kleinen Cello-Konzertreihe, die jährlich im August unter der Leitung von Marcello Fera auf der Burg stattfindet, und den Ezra-Pound-Symposien, die regelmäßig abgehalten werden, ist sie stets dabei.

Siegfried de Rachewiltz, ihr Sohn, hat seine Ausbildung in den USA genossen, ist jedoch aus Überzeugung nach Meran zurückgekehrt. Der heutige Burgherr ist Kunstvermittler und Kulturhistoriker und war bis vor wenigen Jahren Direktor auf Schloss Tirol. In seiner Jugend, es waren die bewegten 1970er-Jahre, in denen nicht zuletzt Geschichte von unten betrieben wurde, sammelte er mit seinen Freunden, dem Künstler Peter Lloyd und dem Anthropologen Franz Haller, zunächst Dialektwörter, die kaum noch Verwendung fanden und nur noch von wenigen verstanden wurden. Angetrieben vom Wunsch, die untergehende bäuerliche Kultur dokumentierend am Leben zu erhalten, filmten die jungen Männer alte Arbeitsweisen der Bergbauern, speicherten die Mundart auf Tonband und sammelten authentisch überlieferte Gerätschaften und Techniken. Die Brunnenburg bot im Erd- und Untergeschoss die geeigneten Räume, um ein Landwirtschaftsmuseum einzurichten, das mittlerweile seit mehr als vierzig Jahren besteht.

Als Kulturhistoriker hat Siegfried de Rachewiltz zwar Altes vor dem Vergessen bewahrt, jedoch niemals rückwärtsgewandt gedacht. In den 1980er- und 1990er-Jahren sind wieder viele bekannte Autoren auf die Brunnenburg gekommen, unter ihnen H. C. Artmann und Peter Rosei, Carl Amery und Franz Tumler, und noch immer wird der Austausch mit Intellektuellen gerne gepflegt.

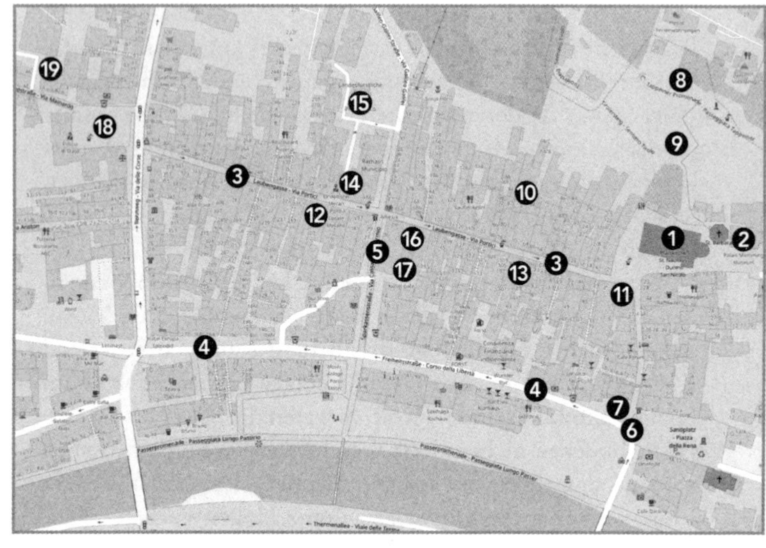

1 *Pfarrkirche St. Nikolaus*
2 *Palais Mamming*
3 *Laubengasse*
4 *Freiheitsstraße*
5 *Sparkassenstraße*
6 *Bozner Tor*
7 *Metzgergasse*
8 *Tappeiner-Promenade*
9 *Kräutergasse*
10 *Ehemaliges Rosengartentheater*
11 *Haus Pötzelberger*
12 *Rösch-Haus*
13 *Ehemaliges Gerichtsgeb./ES gallery*
14 *Rathaus*
15 *Landesfürstliche Burg*
16 *Kunst Meran*
17 *Café Kunst*
18 *Kornplatz*
19 *Frauenmuseum*

Die Lauben
Rundgang durchs alte Meran II

Neues altes Zentrum – unterwegs mit Renate Abram

Meran ist zu jeder Jahreszeit einen Aufenthalt wert und die Spaziergänge auf den weitverzweigten Wegen am Rand der Stadt gehören sommers wie winters zu den angenehmsten, die man sich denken kann. Wer wie ich zwar nicht in Meran lebt, die Stadt aber kennt und mag, kommt auch im Winter gerne her: Das überschaubare urbane Leben Merans hat immer wieder seinen Reiz; es gibt Orte, die ich immer wieder aufsuche, und Plätze, die mir ins Auge springen, weil ich sie bisher übersehen hatte. Hat man sich einmal darauf eingelassen, ist Meran keine Sehenswürdigkeit mehr, sondern ein Ort zum Leben, und sei es auch nur für ein paar Tage oder Wochen im Jahr.

Am unteren Pfarrplatz mit der spätgotischen Pfarrkirche St. Nikolaus, die sich durch ihre Lage unmittelbar am Steilhang des Küchelberges, wo die Palmen gedeihen, außerdem durch einen schönen, gotischen Flügelaltar im Inneren und den frei stehenden Turm auszeichnet, kommt man oft vorbei. Die Turmbasis ist durch einen Bogen passierbar, von hier aus gelangt man zum oberen Pfarrplatz und zum Palais Mamming, früher Ansitz Steinachheim, das ich bis vor Kurzem nicht weiter beachtet habe. Das große Haus, das heute das Stadtmuseum

Die Pfarrkirche St. Nikolaus mit dem das Stadtbild prägenden Pfarrturm

beherbergt, musste schon renoviert werden, um mein Interesse zu wecken. Dabei ziehen mich alte Häuser sonst grundsätzlich an – das Mamming aber ist mir seltsamerweise nie aufgefallen. Im Nachhinein betrachtet hat wohl die Tatsache, dass es bis vor Kurzem der Allgemeinheit nicht zugänglich war, das Haus mit einer auf Distanz haltenden Ausstrahlung umgeben. Seit April 2015 aber hat es die Tore weit geöffnet, das städtische Museum von Meran, das seit 1900 besteht, aber immer wieder übersiedeln musste und zuletzt im ehemaligen Gasthof Roter Adler am Rennweg untergebracht war, ist eingezogen. Von Interesse ist dabei neben der Sammlung vor allem auch das Gebäude selbst. Die Sammlung dokumentiert die Geschichte Merans, sie beginnt bei der Ur- und Frühgeschichte, streift verschiedene Lebensbereiche, darunter auch den Kurtourismus, auch etwas moderne Kunst ist vertreten. Einige „exotische" Ausstellungsstücke, von großzügigen internationalen Kurgästen gestiftet, sind interessant, darunter etwa eine ägyptische Mumie oder die sudanesische Waffensammlung des Abenteurers Slatin Pascha – der eigentlich Rudolf Carl Freiherr von Slatin hieß: dem österreichischen Offizier und zugleich ägyptischen Gouverneur im türkisch-ägyptischen Sudan war Meran Wahlheimat – und eine Totenmaske Napoleons. Zu den Attraktionen

Nach einem Besuch im Museum kann man das Palais Mamming durch einen Hinterausgang verlassen und über eine Stahltreppe zum Tappeinerweg gelangen.

gehört eine hölzerne Schreibmaschine, bei der es sich um das vierte Modell des Partschinsers Peter Mitterhofer handelt, des Erfinders der Schreibmaschine (er kann insofern als Erfinder bezeichnet werden, als er einige der ersten Modelle nicht nur durchdachte, sondern tatsächlich auch herstellte).

Auch wenn einen diese musealen Dinge nicht sonderlich interessieren, so sollte man das Mamming als einzigartiges Barockpalais unbedingt besuchen. So nüchtern das große Gebäude von außen wirkt, so verspielt und weitläufig ist die frühbarocke Architektur im Inneren. Was dahintersteckt, kann man bei Renate Abram, einer Meraner Kulturhistorikerin aus Leidenschaft (obwohl sie eigentlich Literaturwissenschaft studiert hat, hat sie mehrere historische Bücher über ihre Heimatstadt geschrieben), nachlesen[9]: Die Ausstattung – Bodenbeläge, Stuckdekorationen und Fresken – verweist auf den Aufstieg und das Wirken einer adeligen Familie, die übrigens eine

9 *Renate Abram: Das Meraner Laubenhaus Nr. 66–68: Ein Haus mit Geschichte. In: Astrid Schönweger (Hg.): Von Schönheit, Alltag und Arbeit. Das Frauenmuseum in Meran erzählt. Innsbruck: Studienverlag 1999, 23–33.*

zugereiste war: Die zunächst bürgerliche Familie stammte vermutlich aus dem Dorf Mamming in Bayern und ließ sich ca. 1330 in Meran nieder. Ein gewisser Peter Mamming war um 1416 der erste namentlich bekannte Bürgermeister von Meran. In den Adelsstand erhoben wurden die Mammings 1564 – zu dem Zeitpunkt kamen sie nach und nach in den Besitz von Ansitzen und Schlössern: Neben dem Steinachheim bzw. Palais Mamming nannten sie auch die bekannte Fragsburg und die Schlösser Maur, Rundeck und Pflanzenstein ihr Eigen.

Da das Palais Mamming als Museum erst 2015 eröffnet wurde, ist es in den älteren Stadtführern nicht vertreten, wird sich aber bald zu einer bekannten Sehenswürdigkeit entwickelt haben. Für uns war der erste Besuch auch rein physisch sehr angenehm: Es war ein brütend heißer Sommertag, im Palais Mamming aber war es so kühl, dass wir am liebsten bis Sonnenuntergang geblieben wären.

Vorne hell, hinten dunkel – faszinierende Laubenarchitektur

Nach einem Museumsbesuch ziehen uns die Lauben an, sie sind neben dem Steinachviertel der älteste Teil der Stadt. Es liegt an der speziellen Architektur, dass man gern hierherkommt: Mit einem Dach über dem Kopf spaziert man dahin, ist nicht im Freien und doch nicht ganz drin. Hier gibt es immer etwas zu sehen, ein Schaufenster löst das andere ab, die Atmosphäre ist meist belebt. Außerdem trifft man mit Sicherheit jemanden, den man kennt und auf einen Tratsch ins Kaffeehaus einladen kann.

Meine Großmutter väterlicherseits lebte in einer Altwohnung in den Lauben. Wir Kinder gingen sehr gern zu ihr, aber der Aufgang zur Wohnung war (zumindest für mich) etwas unheimlich. Im Rückblick gesehen haben mir diese Besuche die Laubenarchitektur nahegebracht. Vom Pfarrplatz über die unteren Berglauben kommend, bog man nach einer Weile rechts durch einen Rundbogen in eine schummrige Gasse, sie führte tief in den hinteren Gebäudebereich, der verwinkelt war und düster wirkte. Im hintersten Bereich erhellte sich die Gasse wieder und führte am Ende durch einen Durchgang Richtung Küchelberg hinaus. Von der Stelle aus, wo linker Hand das

Hier hat man im renovierten Laubenhaus die alte Stiege belassen.

eigentliche Treppenhaus zu Großmutters Wohnung im Dachgeschoss führte, konnte man das Grün von Pflanzen und helles Sonnenlicht erkennen. Hier stieg einem, ob man wollte oder nicht, der Geruch einer Rauchküche in die Nase. Die Stufen waren nicht überall gleich breit, sie waren steil und buckelig, grob aus Steinen geschichtet führten sie einmal nach links, dann nach rechts und in mehreren Abzweigungen fünf Stock- bzw. Halbstockwerke hinauf. Je höher man stieg, desto lichter wurde es, das verwinkelte Treppenhaus wurde durch ein kleines Oberlicht etwas erhellt. Man ging an mehreren einfachen Holztüren vorbei, sie waren mit den Namensschildern der Nachbarn versehen. Großmutter wohnte unterm Dach, ihr Küchenfenster schaute ins Treppenhaus. Zur damaligen Zeit, also vor vierzig oder fünfzig Jahren, waren die meisten Laubenwohnungen noch Substandardwohnungen, ohne Badezimmer und mit Holz- oder Kohlenöfen zu beheizen. Das Holz schleppte „die Mutter", wie wir sie nannten, auch noch im Alter die vielen Stufen selbst hinauf. Wir hingegen mussten uns selten abmühen: Kaum in der kleinen Wohnung, bestehend aus zwei Zimmern, einer Stube und einer Küche, angekommen (die Küche verfügte natürlich über einen Herd zum Schüren), wurden wir mit herrlichen Knödeln bewirtet. Ich schaute gern durch das Stubenfenster zum sonnenbeschienenen Berghang hinüber, direktes Sonnenlicht erreichte das Fenster kaum jemals. Blickte ich aber nach unten, so schwindelte es mir.

Inzwischen ist das Haus völlig verwandelt, der Treppenaufgang ist hell und freundlich, er wird von oben durch ein Glasdach erhellt. Die Treppen sind breiter als früher, ebenso die Wohnungstüren, ein Personenlift wurde eingebaut. Alles picobello – nur ganz oben hat man (quasi als Zitat) einen der Treppenabschnitte so belassen, wie er damals war, die Stufen sind abgetreten, Eisenklammern verstärken einige Absätze.

In den Meraner Lauben wurden viele Häuser renoviert, mehrere kleine Wohnungen wurden oftmals zusammengelegt und in schicke Altbauresidenzen verwandelt. Es gibt in den Hinterhäusern da und dort trotz Denkmalschutz die eine oder andere Dachterrasse. Doch immer noch gilt, dass hinter den freundlichen Häuserfronten der Laubengasse, die früher ja die wichtigste Hauptstraße war, die vergleichsweise düsteren Althäuser in mehreren Schichten dicht an dicht stehen und vielfach

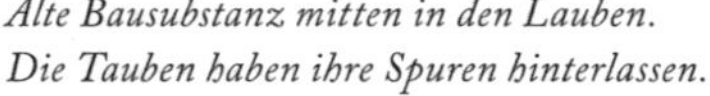

Alte Bausubstanz mitten in den Lauben.
Die Tauben haben ihre Spuren hinterlassen.

nur über verwinkelte Wege zu erreichen sind. Auch gibt es noch sehr viel alte Bausubstanz, die auf Wiederherstellung, Verschönerung oder Modernisierung wartet – aber irgendwo im Laubenbereich wird immer gebaut … Die schönen alten Häuser sind es auch wert, wegen ihrer ganz speziellen Architektur und weil die Fassaden zur Gasse hin „Schmuck“ tragen: Erker in unterschiedlichen Formen und Größen, Stuckaturen, Fresken, historische Fenster und riesige alte Tore erfreuen das Auge.

Man unterscheidet zwei Arten von Laubenarchitektur: einmal die Lauben, die sich innerhalb der Kubatur der Gebäude befinden, das sind die sogenannten Lauben südländischen Typs. Diese sind so alt wie die dazugehörigen Häuser und für den Laien meist an den außen liegenden Kellerschächten zu erkennen. Vertreter dieses meist im Mittelalter entstandenen romanischen Laubentyps sind einmal in Meran, daneben in so manch Südtiroler Stadt, etwa in Bozen oder Glurns, anzutreffen. Eine zweite Variante von Lauben, nämlich die nachträglich entstandenen, vorgebauten „deutschen“ Lauben sind meist nicht unterkellert und dienten der Erweiterung des Hauses bzw. der Schaffung neuen Wohnraums. In Innsbruck und Neumarkt in Südtirol kann man solche Arkaden, auch gotische Lauben genannt, bewundern. Was beiden Arten von Lauben gemeinsam ist: Gestern wie heute stellen sie einen wettergeschützten, öffentlichen Verkehrs- und Kommunikationsraum dar. Die Arkaden waren in früheren Zeiten bei Weitem nicht so frei zu durchschreiten, wie wir das heute gewöhnt sind. Auf Holz- oder Steinbänken fand unter den Bögen reger Handel statt. Meran ist übrigens jene Stadt, in der die Errichtung der Laubengänge erstmals urkundlich erfasst wurde, und zwar in einem landesfürstlichen Rechnungsbuch aus dem Jahr 1322, in dem die Ausgaben für den Bau eines solchen Laubenganges festgehalten wurden. Sehr wahrscheinlich handelt es sich bei diesem Haus um das Kelleramtsgebäude (ursprünglich Kellenamt), an dessen Stelle sich heute das neue Rathaus befindet.

Brunnen mit Brunnenskulptur am Eck des Gemeindegebäudes

In der Laubengasse sind durch große Steinplatten und angedeutete Rinnen die alten Ritschen markiert, die einerseits die Brunnen belieferten und andererseits Schmutz und Abwasser abführten. Vor nicht allzu vielen Jahrhunderten wurde der Müll einfach auf die Straße gekippt, wo er vermischt mit Wasser sich langsam die Gasse hinauswälzte. Die Vorstellung ist interessant, doch den Geruch möchte man lieber nicht nachempfinden. Fließendes Wasser, so Renate Abram, bekamen die Laubenhäuser erst 1881, das Wasser kam von einer Quelle des Spronser Gebietes. Unterirdisch fließt auch heute noch Wasser, freilich in Röhren und Kanälen.

Bei der Bevölkerung hat sich schon früh die noch heute übliche Unterscheidung der Berg- und der Wasserlauben eingebürgert, wobei die Häuserzeilen, die rückwärts gegen den Küchelberg ausgerichtet sind, als die Berg-, und jene, die rückwärts zur Passer blicken, als die Wasserlauben bezeichnet werden. Außerdem unterscheidet man die oberen von den unteren Lauben, Trennungslinie ist eine breite Querstraße: Von oben, also vom Pfarrplatz kommend, zweigt die Galileistraße nach rechts ab, nach links führt die zu einem Platz verbreiterte Sparkassenstraße hinaus zur Freiheitsstraße, die parallel zu den

Lauben verläuft. Die sogenannten „kleinen Lauben" sind die paar wenigen Arkaden in der Leonardo-da-Vinci-Straße, jener schmalen Straße, die vom Bozner Tor zum Pfarrplatz hinaufführt. Das Metzgergässchen, das an dieser Stelle links abbiegt, heißt so, weil hier im Mittelalter die Fleischbeschau stattfand. Übrigens: Der Name Küchelberg bezieht sich auf die Funktion der Gärten hinter den Berglauben, die sich vielfach die Hänge hinaufzogen: Hier wurden Gemüse, Kräuter und Wein angebaut, die unter anderem in der Küche der Grafen von Tirol in Töpfe und Krüge gefüllt wurden. Heute befindet sich unterhalb der Tappeiner-Promenade – vielleicht als Reminiszenz an die damalige Zeit – ein öffentlich zugänglicher Kräutergarten.

Doch zurück zum Urbanen: Die historischen Lauben in Meran haben gewiss viele Dinge gesehen, die heute nur noch wenige wissen. Renate Abram hat sich unter anderem sehr genau mit der Geschichte des Hauses 66–68 beschäftigt, in dem sich früher das Meraner Frauenmuseum befand: Laubenhäuser gehörten im Mittelalter nicht nur wohlhabenden Bürgern und Adeligen, sondern mitunter auch dem Klerus. Solche Häuser

Die Laubengasse an einem winterlichen Sonntagmorgen

Der Hinterhof des Laubenhauses 66–68, wo sich das Rosengartentheater befand

waren natürlich reicher ausgestattet als andere. Dieses Haus, so Abram, gehörte zunächst dem Bischof von Trient, nach politischen Wirren über mehrere Generationen hinweg den Bischöfen von Brixen. Zu jener Zeit waren die Bischöfe keineswegs nur Kirchenmänner, sie waren in der Regel politisch aktive und mit viel Einfluss agierende Adelige. Bis zur Säkularisierung der geistlichen Fürstentümer im Jahr 1803 konnten sie hier schalten und walten. Zeitgleich wurde in dem besagten Haus eines der ersten, wenn nicht das erste Kaffeehaus Merans eröffnet, das Café Rosengarten – Spielhölle inklusive: Der Besitzer der Kaffeerösterei, ein gewisser Jordan, hatte einen Billardraum eingerichtet und betätigte sich als Lottokollekteur. Jordan ließ außerdem einige spielfreudige junge Theaterleute gewähren: In einem im Hof gelegenen Speicher wurden Komödien aufgeführt – wie sich zeigte, mit großem Erfolg. Renate Abram recherchierte, dass aus dem Rosengartentheater im Lauf der Jahrzehnte bis 1870 ein gut ausgestattetes und florierendes Theater wurde, das nicht nur Volksstücke spielte, sondern auch – ganz neu für Meran – Opern und Operetten. Die Theaterdirektoren wechselten und wollten jeweils etwas Sensationelles anbieten. Daher wurden hier erstmals Tschuggmalls

Automaten vorgeführt: Christian Josef Tschuggmall, geboren 1785, war ein Erfinder und Schausteller aus dem tirolischen Pitztal, der ein unstetes Leben führte und unter anderem nach Brixen in Südtirol kam, wo er auf Anregung von Fürstbischof Karl von Lodron ein Figurenkabinett baute. Dabei setzte er geformte Holzteile zu typenartig gestalteten Puppen zusammen, bemalte sie und zog ihnen kunstvoll gefertigte Kostüme an. Jede Figur wurde mit einer komplizierten Automatik versehen, die sie bewegte, was für die Zuschauer aber unsichtbar blieb. Dieses „Automatentheater" machte in der Öffentlichkeit großen Eindruck und wurde in Kulturmetropolen wie Prag, Dresden und Sankt Petersburg präsentiert. Und eben: auch in Meran! Einige Figuren aus dem mechanischen Theater kann man noch heute im Münchner Stadtmuseum besichtigen. Das Gebäude des ehemaligen Rosengartentheaters befindet sich hinten links im Hof des Laubenhauses 66–68. Und wenn man schon in diesen Hof hineinschaut: Wie herrlich ist die mediterrane Vegetation, die dem Ort einen südlichen Charakter verleiht!

Innenhof mit sehr alter Glyzinie

Es ist nicht nur lohnenswert, Renate Abrams kulturhistorische Bücher zu lesen, ein besonderes Vergnügen – und auch ein Privileg – ist es, mit ihr durch die Lauben zu spazieren. Angeleitet durch ihren kundigen Blick gehen einem da erst so richtig die Augen auf und man entdeckt Unerwartetes und manchmal auch Verborgenes. So weiß sie etwa zu berichten, dass die Hintergebäude der Laubenhäuser dem Gesinde und dem Vieh vorbehalten waren. Unter den Meraner Lauben gab es zahllose Kuhställe, morgens kam der Hirte und holte die Tiere ab, um sie auf die Weide zu treiben. Im Vorderhaus hingegen waren nicht nur die Wohnungen der Besitzer, sondern auch die Handels- und Handwerksbetriebe untergebracht. Das Hergestellte konnte auf diese Weise rasch auf Bänken zwischen den Arkaden ausgelegt und verkauft werden. Die Laubenhäuser waren aus steuerlichen Gründen so schmal, wie sie eben sind: Der Steuersatz wurde nach der Breite eines Hauses berechnet, wie tief ein Haus war und wie weit es sich nach hinten zog, spielte dabei keine Rolle.

Die Entdeckung noch vieler weiterer Lauben-Details geht auf Hinweise von Renate Abram zurück, so etwa die der Besitznischen, die da und dort in den Mauern zu sehen sind und heute gern mit einem Blumentopf oder einem Bild geschmückt oder mit einem kleinen Brunnen ausgestattet werden. Angelegt wurden diese Nischen als Abgrenzung zwischen einem Besitz und dem anderen. Ein lebensnahes Detail ist, dass es „Schlüssel-Aufzüge“ und „Schlüssel-Abzüge“ gab, die entsprechenden Öffnungen sieht man in den Arkaden noch: Außerhalb des Haustores ließ die Hausfrau ihrem Ehemann den Schlüssel hinunter; nachdem er durch das Tor geschritten und dieses hinter sich geschlossen hatte, wurde der Schlüssel innen wieder an ein Seil gehängt und hinaufgezogen. Ob dieses Ritual darauf schließen lässt, wie man mit einiger Fantasie annehmen könnte, dass der Mann ohne Einwilligung seiner Frau weder ausgehen noch eintreten konnte, dass sie also die Hüterin des Schlüssels und damit des Hauses war, sei dahingestellt.

Wo Esprit die Buchhandlung Pötzelberger abgelöst hat.

Eine solche Schlüsselluke in der Decke kann man bei der Enothek *Signorvino* in der Laubengasse 104 entdecken. Dieses Haus zeigt im Übrigen auch eine seltenere Stiegenhaus-Variante: Das Licht kommt nicht von oben, sondern seitlich durch ein großes Südfenster herein. Interessant sind auch die da und dort zu sehenden Brandschutzmauern. Wenn man etwa vor dem Gebäude Pötzelberger/Esprit am Pfarrplatz steht und den Kopf hebt, kann man hoch droben zwischen dem einen und dem anderen Gebäude eine vorragende Schutzmauer mit Zinnen erkennen. Diese Mauern wurden zwischen den Häusern eingezogen, um im Fall von Bränden einer Ausbreitung des Feuers entgegenzuwirken. Die Bevölkerung war diesbezüglich traumatisiert, denn viele Laubenhäuser sind im Mittelalter immer wieder abgebrannt, vor allem zu ganz früheren Zeiten, als die Obergeschosse noch aus Holz waren.

In den unteren Wasserlauben haben wir die Gelegenheit, uns gemeinsam mit Renate Abram das Rösch-Haus anzusehen, das dem Bruder des derzeitigen Bürgermeisters gehört und noch original erhalten ist. Ebenerdig bietet ein Hof etwas mehr Raum und Licht, als dies in den meisten anderen Laubenhäusern der Fall ist. Wie üblich geht es von hier aus nach

Stiegenaufgang im alten Gerichtsgebäude

hinten ins Freie durch. Steigt man die steile Treppe hoch, erkennt man im ersten Halbstock noch deutlich das einstige Plumpsklo. Wir erfahren, dass der angesammelte Inhalt einer Sickergrube jeweils von armen Leuten mit einem Ochsenkarren abgeholt wurde – oft gegen nicht mehr als ein Stück Brot und ein Glas Wein. Wir übergehen jegliche unangenehme Duftvorstellung und schauen uns weiter um: Das Stiegenhaus, dieser hochstrebende und für die Laubenhäuser so charakteristische Raum, ist harmonisch gestaltet und wunderschön zum Ansehen. Die Treppen sind mit Holzgeländern versehen und im oberen Bereich auch mit Holzbelägen, ein stattliches gotisches Holztor (mit dem aufgehängten Schild „Heute keine Schlossbesichtigung") führt in eine der Wohnungen des Vorhauses, die anderen Wohnungstüren sind schmal und haben Oberlichten, unter Dach beeindruckt der große Dachboden mit einem eigenen Bereich für die „Wäschaufhäng" und dem gleich darunter eingerichteten Bügelzimmer. Obwohl alles so belassen wurde, wie es früher gewesen ist, wird hier normal gewohnt und gearbeitet.

Auf Anraten unserer Begleiterin suchen wir schließlich noch das ehemalige Gerichtsgebäude in den oberen Wasserlauben 75 (Eingang beim Restaurant Flora) auf – ein wahres Juwel unter den Laubenhäusern. Dass hier dazumal Macht gezeigt, dass also residiert und regiert wurde, lässt sich auf den ersten Blick erkennen. Das Stiegenhaus ist mit verzierten schmiedeeisernen Geländern und Fenstersicherungen, mit Fresken- und Wappenschmuck sowie schönen Rundbogenfenstern besonders reich und repräsentabel ausgestattet. Ein Besuch ist dieses Haus auf jeden Fall wert – und wenn man schon einmal da ist, sollte man, gewissermaßen als Kontrastprogramm, unbedingt die in diesem Haus situierte *ES gallery* aufsuchen!

Diese betont kleine Galerie hat sich mit neuer und neuester Kunst etabliert und zieht offenbar die Besucher an wie das Licht die Motten. 2008 öffnete der Bankangestellte Erwin Seppi eine der Wohnungen des Hauses mit dem Ziel, seiner Leidenschaft für junge zeitgenössische Kunst nachzugehen und etwas Ungewöhnliches zu schaffen. Nur fünfzig Quadratmeter groß ist der Ausstellungsraum, doch in fünf Jahren sind hier bereits zweiunddreißig Ausstellungen von dreißig Künstlerinnen oder Designern über die Bühne gegangen. Das Publikum kommt gern, nicht nur wegen der Kunst: Was Erwin Seppi erreichen wollte, nämlich ein Kommunikationszentrum zu schaffen, kam gut an – für kunstinteressierte MeranerInnen ein Zugewinn

Eingang zur profilierten ES gallery von Erwin Seppi

In der Faschistenzeit errichtet: das Gemeindegebäude

an Lebensqualität. Bei Seppi fließen Kunst und Leben ineinander – er wohnt direkt nebenan. Und kuratiert nicht nur Ausstellungen, sondern betreibt auch die *ES artothek*: Gegen Miete kann man als Privatperson oder Unternehmen Kunstwerke ausleihen – für drei, vier oder sechs Monate. Da hat es offenbar bei vielen *gefunkt*.

Nicht alle Laubengebäude sind mittelalterlich oder auch nur aus dem vorigen Jahrhundert. An der Schnittstelle zwischen den oberen und den unteren Berglauben beschäftigen wir uns eine Weile mit Architektur und Fassadenschmuck des Rathauses mit Uhrturm, das zwischen 1929 und 1932 vom bekannten Architekten und Designer Ettore Sottsass auf dem Grund des Landesfürstlichen Kellenamtsgebäudes errichtet wurde. Gebäude dieser Art sind Beispiele der von den Italienern in Südtirol eingeführten neuen Sachlichkeit, die durchaus Qualitäten besitzt, von den Faschisten aber da und dort, z. B. in der Landeshauptstadt Bozen, monumental und mitunter protzig erweitert wurde – sehr zum Unbehagen der Südtiroler, die diese Bauweise als „kalt“, vor allem aber als „walsch“ empfanden. Die faschistischen Architekten wollten sich offenbar nicht den baulichen Gegebenheiten anpassen, man beachte etwa die viel breiteren und höheren Lauben, die das Rathaus aufweist. In Bozen wollte man die historischen

Lauben gar abreißen; da dies zum Glück verhindert werden konnte, wurde in einem anderen Stadtteil eine wesentlich breitere und längere Laubenstraße errichtet, die allerdings bis heute in der Handelsstadt Bozen nur ein Schattendasein fristet.[10]

Das oben erwähnte Kellenamt hatte im Mittelalter eine enorm wichtige Funktion: In diesem Amt wurden alle für die Grafen von Tirol vorgesehenen Abgaben in Naturalien gesammelt und eingebracht, nicht umsonst befindet sich die landesfürstliche Burg in unmittelbarer Nähe, direkt hinter dem Rathaus. Die Waren aus Landwirtschaft und Fischerei – aus umliegenden Flüssen und Teichen ließ König Heinrich die Fische in großen Wassertrögen hertransportieren – wurden selbstverständlich penibel kontrolliert. An die Fischerei in Tirol wird an der Laubenfront des Rathausgebäudes erinnert: Man beachte den steinernen Brunnen, auf dem ein wasserspendender Knabe zwei Fische in der Hand hält; auch die Hundetränke auf Bodenhöhe ist ungewöhnlich.

Nicht weit entfernt, in den unteren Wasserlauben, befindet sich das ehemalige Ballhaus, das an einer auffallend breiten Arkade und dem entsprechend großen Tor zu erkennen ist. Die Fassade am Rundbogen ist mit einer Stuckatur, die eine Riesenschleife darstellt, geziert. Die Bezeichnung „Ballhaus“ geht auf die ursprüngliche Funktion des Gebäudes zurück: Es wurde als Lager für Warenballen errichtet, was auch die Breite der Einfahrt erklärt.

---

10 *Siehe dazu: Andreas Hapkemeyer. Erlebnis Kunst in Südtirol. Von Fratzen, Fresken und Fassaden. Bozen: Folio 2016, 11.*

Geschichte einer Verdrängung

Anzunehmen wäre, dass die Lauben als alte Geschäftsstraße mehr alteingesessene Läden aufweist als andere Straßen, doch das ist längst nicht mehr der Fall. Warenketten, die sich – völlig austauschbar – überall in Europa durchsetzen, haben auch das Geschäftsleben unter den Lauben stark verändert. Zara, H&M, Oviesse und wie sie alle heißen haben Einzug gehalten und viele kleine und mittlere Geschäfte verdrängt. Die für die Region typische Strick- und Lodenbekleidung konnte mit der italienischen Mode nicht Schritt halten, vor allem weil Handelsketten bekanntlich auf Quantität und niedrige Preise setzen.

Früher konnte man unter den Lauben noch bei einem Kurzwarenhändler Knöpfe und Faden einkaufen, es gab Krämereien, Gemischtwarenhändler, Stoffläden, einen Schuster. Und natürlich gab es etliche Feinspezereien, was Köche und Gourmets besonders vermissen. Gehalten hat sich die Spezialitätenmetzgerei *Siebenförcher*, die seit 1930 besteht und für feinste Fleisch- und Wurstwaren bekannt ist: Die unterschiedlichsten Würste, ganze Seiten besten Südtiroler Specks oder Rohschinken aus Italien und Spanien hängen in der Auslage. Hat man das Börserl gut gefüllt, kann man in diesem Laden aus dem Vollen schöpfen …

Schaufenster im Stil der 1970er-Jahre: das Geschäft Artiana

Auf unserem Spazierweg durch die Lauben statten wir dem *Artiana* in der Pobitzergalerie (in den unteren Berglauben, abbiegen muss man beim Schuhgeschäft *Caligula*) einen Besuch ab. Die Einrichtung des Artiana – alles im originalen 1970er-Stil – erzählt die Geschichte eines Paares, das in den 1970er-Jahren einen todschicken neuen Laden eröffnete, in dem die schönen Dinge für Haus und Leben feilgeboten werden sollten. Die angebotenen Produkte – Haushaltswaren, Reiseartikel und Geschenkartikel – sind wirklich so schön, dass ich zugreifen möchte und es auch tue, weil der Preis stimmt. Dabei komme ich mit den Inhabern des Geschäftes ins Gespräch: Wie andernorts ist man auch hier unglücklich darüber, dass sich der Allerweltshandel so massiv hereingedrängt hat. Und das nicht nur weil man als kleinere Firma täglich ums Überleben kämpft, sondern auch weil damit viel vom Charakter der Lauben verloren gegangen ist. Beklagt wird auch, dass die Laubengasse, die früher eine reine Einkaufsgegend war und höchstens ein paar Weinschenken beherbergte, sich zunehmend zu einem einzigen großen Gastronomiebetrieb entwickelt hat.

Ziemlich traurig – andererseits, so denken wir, muss sich etwas verändern dürfen. Im einzelnen Fall ist es aber tatsächlich oft ein kaum zu überwindender Verlust, wenn etwas, das lange Zeit Bestand hatte und gut war, mit einem Mal verschwindet. Ich denke etwa an die Buchhandlung *Pötzelberger*, ehemals Pfarrplatz 1 – ein über ein Jahrhundert altes Geschäft für Buchliebhaber, ausgestattet mit gut ausgewählter Literatur. Die Buchhandlung zeichnete sich außerdem durch ein besonderes Ambiente aus: alte Regale aus dunklem Holz bis zur Decke, schöne, schlichte Vollholztische, alles original. Man widerstand der Versuchung, sich den neuen Zeiten mit ihren Bedürfnissen doch noch ein wenig anzupassen. Das Geschäft Pötzelberger war beliebt, bekannt, geschätzt – trotzdem musste es schließen. In dem Haus, in dem sich die Buchhandlung befand und in der im Mittelalter die Meraner Münze untergebracht war, wird heute Esprit-Mode verkauft. Ein Buchhändler, der diese Berufsbezeichnung wirklich verdient, ist Martin Alber, er wechselte von Pötzelberger in die Buchhandlung *Alte Mühle* in der Sparkassenstraße und betreut dort im ersten Stock die italienische Abteilung. Direkt nebenan wacht, gemeinsam mit dem Sohn des Inhabers Rainer Schölzhorn,

Martin Alber – Buchhändler, freundlicher Zeitgenosse und Gesprächspartner

Wolfgang Außerer auf höchst bewährte Weise über das Antiquariat der Alten Mühle.

Außerers einst eigenständiges Buchantiquariat befand sich früher ganz in der Nähe des Feinkostladens *Seibstock* in den unteren Wasserlauben. Seibstock ist ein ähnlich trauriges Beispiel wie der Fall Pötzelberger – ein 125 Jahre alter Betrieb, untergebracht in wunderschönem Althausambiente, der jedoch Anfang 2016 endgültig die Rollläden herunterließ. Damit geht ein Stück Meraner Handelstradition, auch ein Stück *savoir-vivre* verloren, denn der Seibstock war bei den MeranerInnen wegen seines außergewöhnlichen Lebensmittelsortiments sehr beliebt. In diesem Geschäft konnte man Delikatessen aus aller Herren Länder, die hochwertigsten Produkte der Region und eine kluge Auswahl selbstgemachter Produkte kaufen. Was immer noch besteht, ist die Manufaktur Seibstock, die in Martell, einem Seitental des Vinschgau, angesiedelt ist und Marmeladen sowie Schnäpse produziert.

Einige der alten Firmen haben Bestand, viele Traditionsgeschäfte mussten aber aufgeben, und dieser Prozess ist noch nicht an seinem Ende angekommen. Ein exklusives Wäschegeschäft befindet sich hier neben einem ältlichen Dirndlladen, altväterische Hausschuhe werden neben hochhackigen Glitzerstiefeletten verkauft. Die Lauben verändern sich immer noch und sind nur mehr zum Teil altes, geschütztes Kulturgut, das auf Geschichte, Handelstraditionen und alte Lebensweisen verweist. Doch sehr lebendig ist diese Straße immer noch, so etwa durch Kunst und Kultur.

Kunst Meran – Merano arte: ein Ort für Zeitgenössisches vom Feinsten

Man kann dieses Kunsthaus von zwei Seiten betreten – entweder durch den Haupteingang in den oberen Wasserlauben oder über das Café Kunst am zentral gelegenen Sparkassenplatz. Die Tatsache, dass das Untergeschoss des Museums, das eine große, mehrstöckige Galerie mit 500 Quadratmetern Ausstellungsfläche ist, wie ein „Durchhaus" funktioniert, verweist auf die kommunikative Seite dieses Hauses. *Kunst Meran* steht nicht auf hohem Podest, es ist vielmehr ein Museum für alle – für die ortsansässigen Künstler und Kunstliebhaber ebenso wie für internationale Gäste, aber auch für zufällig vorbeikommende Laufkundschaft. Vielfältige zeitgenössische Ausdrucksformen in den Bereichen bildende Kunst, Fotografie, Architektur, Neue Medien und Kommunikationstechniken, aber auch Neue Musik und Literatur werden berücksichtigt. Die gute Atmosphäre und die Aussicht auf erlesenen Kunstgenuss sind anziehend, vorbeizuschauen ist immer angebracht, einen guten Kaffee gibt es allemal und im Büchershop kann man nachprüfen, was man in der Zeit, da man nicht da war, versäumt hat. Das kleine, aber rührige Café Kunst ist im Übrigen nicht nur ein Treffpunkt, sondern auch das Speiselokal mit der wohl kleinsten Küche Merans. Serviert werden

In der obersten Etage von Kunst Meran versammelt sich im Sommer das Vernissage-Publikum auf der Dachterrasse.

trotz des beengten Platzes feine Gerichte, was der perfekten Organisation des Küchenchefs zu verdanken sein dürfte.

Die Meranerin Herta Wolf Torggler leitet das Haus als Direktorin – eine erstaunliche Frau, deren Qualitäten dem Betrieb ein solides Fundament geben: Torggler betrieb in den Jahren von 1992 bis 1995 die *Art Gallery Raffl* am Pfarrplatz, auf dieser Basis wurde 1996 mit vierzehn Kunstinteressierten das *Forum Zeitgenössische Kunst Meran* gegründet. Das sich stetig erweiternde Programm und das große Publikumsinteresse an der Galerie führten 1998 zur Suche nach einem neuen Standort. Das Laubenhaus 163 der Südtiroler Sparkasse hatte die Voraussetzungen für eine kulturelle Nutzung und wurde für diese Bestimmung von der Bank umgebaut. Mit der ersten, zur Geschichte Merans passenden Ausstellung *Kunst und Kur – Ästhetik der Erholung* wurde Kunst Meran im Herbst 2001 eröffnet.

Heute ist Herta Torggler ein Team von sechs Mitarbeitern zur Bewältigung der verschiedenen Agenden zur Seite gestellt, darunter die künstlerische Leitung – derzeit Christiane Rekade, eine Schweizer Kuratorin. Sie weiß, was den besonderen Reiz dieses Museums ausmacht: Interessantes aus Südtirol (so etwa

MenschenBild: der Dichter Antonio Manfredi, dargestellt von Aron Demetz

die wunderbaren Kostümabstraktionen der in Meran gebürtigen Kostümbildnerin Frida Parmeggiani) mit Internationalem zu verknüpfen: Weltbekannte Namen wie Man Ray, Cindy Sherman oder Meret Oppenheim besetzten auch schon die Räume.

Besonders erwähnenswert ist das Projekt *MenschenBilder*, das Kunst Meran 2015 im öffentlichen Raum initiiert hat: Zeitgenössische Künstlerinnen und Künstler werden beauftragt, die Porträtskulptur einer Meraner Persönlichkeit zu schaffen, wobei die Meraner mitentscheiden konnten, welche Persönlichkeit ausgewählt wird: Dargestellt wurden zum Beispiel die Hotelpionierin Emma Hellenstainer, der Dichter Franz Kafka oder der langjährige Landeshauptmann von Südtirol Silvius Magnago. Die Skulpturen sind unter freiem Himmel auf der Passerpromenade zu sehen.

Herta Torggler ist indes überall anzutreffen, wo sie gebraucht wird: beim Eröffnen einer Ausstellung am Mikrofon, wenn Bedarf besteht im Museumsshop, im Büro am Telefon ebenso wie auf der Kunsthaus-Dachterrasse – wohin sich im Hochsommer die Besucher einer Vernissage auf ein Glas Wein zurückgezogen haben. Sie ist im besten Sinne des Wortes eine Allrounderin und packt an, wo es nötig ist.

Von der Drogerie zu Fabrik und Hotel

Zu den alteingesessenen Familien, die in Meran Geschäfte besitzen, gehört die Familie Ladurner, die schon in der vorangehenden Generation mit Drogerien unter den Lauben und einem Sanitätshaus im Zentrum vertreten war. Ulrich Ladurner, einer der Söhne des inzwischen verstorbenen Kaufmanns Aribo Ladurner, startete von hier aus eine der bemerkenswertesten Unternehmerkarrieren in Südtirol: 1977 entdeckte er eine Marktlücke; er hatte die, wie sich herausstellte, sehr gute Idee, glutenfreie Produkte herzustellen. Er führte in Burgstall bei Meran das seit 1922 existierende Unternehmen *Dr. Schär* in eine ganz neue Richtung und brachte ab 1981 erstmals in Südtirol spezielle Diätprodukte auf den Markt. Mit großem Erfolg: Mit den Jahren wurde das Sortiment ausgebaut, die Aktivitäten wurden auf andere europäische Länder ausgedehnt. Auf die steigenden Umsatzzahlen reagierte das Unternehmen mit dem systematischen Ausbau der Produktions- und Betriebsstätten. Ladurner expandierte weiter, Schär-Produkte gibt es seit 2005 flächendeckend in ganz Europa. Aufgrund seiner ehrgeizigen Internationalisierungsstrategie gehört Schär heute zu den größten Unternehmen dieser Art. Zum Stammwerk in Südtirol kommen mehrere Tochterunternehmen, u. a.

Typisch für Meran: Palmen und Berge

in Deutschland, den USA und Spanien. Eine einzige Erfolgsstraße also; doch die Geschichte ist noch nicht zu Ende, die Straße zweigt sozusagen ab und führt zu einem der schönsten Hotels Südtirols. Mit dem Fünf-Sterne-Hotel Vigilius Mountain Ressort erfüllten sich Ladurner und seine Frau den Traum von einem absolut ruhigen und rundum geschmackvollen Haus für Gäste, die es gern ein bisschen anders mögen. Das Vigilius ist nicht eines jener Hotels, in denen reiche Leute mit dicken Autos vorfahren, um sich Wellness mit allem Drum und Dran zu gönnen. Es gibt gar keine Straße zum Vorfahren, das Hotel ist nur mit der Seilbahn zu erreichen und den teuren Wagen lässt man bei der Talstation in der Garage stehen. Das *Bahndl* ist der einzige Verkehrsweg zum Vigiljoch, das bedeutet: kein Auto, kein Lärm, nur Natur und Stille.

Doch zurück an den Ausgangspunkt: Auf der Schnellstraße MeBo – so wird die schnellste Verbindung zwischen Bozen und Meran genannt – von Bozen kommend nimmt man die Ausfahrt Meran Süd und fährt Richtung Lana ab, um im Kreisverkehr die zweite Ausfahrt nach Lana und dort in einem weiteren Kreisverkehr die erste Ausfahrt Richtung Ultental zu nehmen. Gleich nach der Einfahrt ist die Talstation der

Seilbahn Vigiljoch auf der rechten Seite. Ob man nun zum Zwecke einer Wanderung die Höhe erreichen will oder ob man das Vigilius im Visier hat – man parkt hier in einem Parkhaus. In sieben Minuten bewältigt man lautlos schwebend 1200 Höhenmeter, oben angekommen befindet man sich 1500 Meter über dem Meeresspiegel. Das Hotel ist neben der Bergstation gleich zu entdecken, es sieht fürs Erste recht unscheinbar, gar nicht wie ein Luxustempel aus. Ist es auch nicht, hier wird hohes Niveau geboten, doch Einfachheit zum zentralen Stilelement erhoben. Das von Matteo Thun ökologisch anspruchsvoll geplante Haus präsentiert sich in moderner Holzarchitektur und schmiegt sich förmlich in die umliegende Berg- und Wiesenlandschaft ein. Eine Kombination aus Lehm, Lärchenholz, Leinen und Kuhleder schafft ein anspruchsvolles Ambiente ohne einen Hauch von „getäfeltem Heimatstil", wie man in kritischen Kreisen den weitverbreiteten architektonischen Alpen-Kitsch nennt. Da findet man nichts Schweres, keinen Prunk, und die Grenze zwischen Haus und Natur verwischt. Mit Thun hat das Ehepaar Ladurner einen international bekannten Architekten und Designer engagiert, er ist in Bozen geboren, lebt und arbeitet in Mailand und definiert sich in seiner Arbeit durch den interessanten Slogan „eco – non ego!", also: „Öko statt Ego!"

Ulrich Ladurner war zuletzt aber weder wegen seiner Fabrik noch wegen seines Hotels in den Schlagzeilen: Die Presse berichtete über den Absturz seines Privatflugzeugs, das er stets selbst und meistens alleine fliegt. Der Grenzen überschreitende Erfolgsunternehmer ist an eine Grenze ganz anderer Art gekommen, dort aber wieder umgekehrt; er hat glücklicherweise überlebt und erfreut sich bester Gesundheit.

Der Kornplatz und das Frauenmuseum

Nach Westen hin mündet die Laubengasse in den Kornplatz, auf dem man in alter Tradition – der Platz war früher schon ein Marktplatz – auch heute noch, zumal in der wärmeren Jahreszeit, jeden Tag einen Obst- und Gemüsemarkt besuchen kann. Auf dem Platz befinden sich außerdem das heutige Gerichtsgebäude, das Polizeipräsidium und das Volksbankgebäude, das bis 1782 ein Klarissinnenkloster war. Dieses Gebäude mit der Adresse Meinhardstraße 2 ist unser nächstes Ziel, denn es beherbergt seit 2011 das (ganzjährig geöffnete) *Frauenmuseum*. Ebenerdig kann man – das Tor ist tagsüber immer offen – en passant noch einen Blick in den Kreuzgang der Klarissinnen werfen.

Im Frauenmuseum, 1988 gegründet von der gebürtigen Vorarlbergerin Evelyn Ortner (1944–1997), dreht sich alles um die Frau, um ihre Lebenswelt und gesellschaftspolitische Rolle. Evelyn Ortner sammelte mit Passion und Kenntnis – wie weiland die geschätzte Wiener Lyrikerin Elfriede Gerstl – Kleidungsstücke und Accessoires aus früheren Zeiten. Ortners Leidenschaft führte mit den Jahren zu einer ansehnlichen Sammlung mit Aussagewert, die Idee zu einem Museum – „Das kleine Museum für Kleid und Tand" – war geboren.

Still und kühl: der Kreuzgang im Klarissinnenkloster in der Meinhardstraße 2

Heute ist das Frauenmuseum als Verein organisiert und auf das Doppelte an Fläche und Sammlung angewachsen. Es ist längst mit vergleichbaren Institutionen international vernetzt und allseits anerkannt – die Stadt Meran führt es als Attraktion in allen Museumsführern. Nichts Neues also?

Ungewöhnlich ist dieses Museum trotzdem, denn es widmet sich mit aller Konsequenz der Sensibilisierung für die Geschichte der Frau, der Auseinandersetzung mit weiblichen Selbstbildern, der Diskussion um Chancengleichheit, dem Diskurs um Geschlechterrollen und deren Veränderung sowie allen damit verbundenen Themen. Über zwei Etagen werden zum einen die Modetrends unterschiedlicher Epochen dokumentiert – vom Korsett zum Minikleid, vom Reifrock bis zum schrillen Hippielook. Die Kleider werden jeweils durch Alltagsgegenstände ergänzt, sie machen das Leben von Frauen in der jeweiligen Zeit anschaulich. Dass sich dabei viel Überraschendes und heute kurios Anmutendes bietet, liegt auf der Hand – etwa die Monatsbinde in ihrer Entwicklung von der in einen Gürtel eingeknöpften Stoffeinlage bis hin zum Tampon. Begleitet wird die Schau von einer Sammlung an Ausdrücken für die Menstruation, darunter Kurioses wie „Rote Tante“ oder

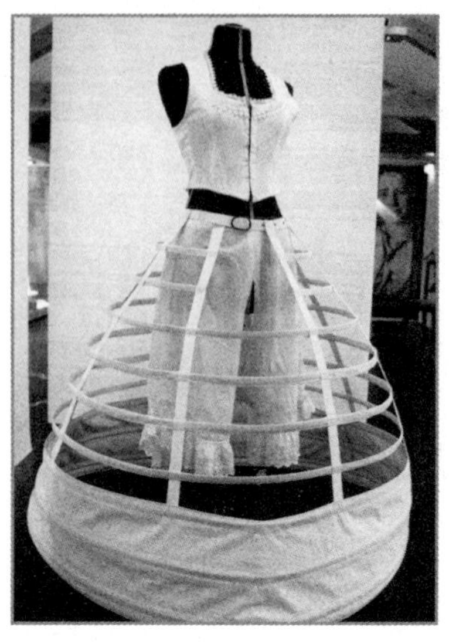

Vom Reifrock zu bequemen Jeans: Das Frauenmuseum zeigt, was Frauen so trugen.

„die Roten kommen". Weitere Intimitäten wie Verhütungsmittel sind ausgestellt, ältere Besucherinnen werden sich an dies oder jenes erinnert fühlen. Schön ist auch die Aufforderung zum Klischee-Boykott – ein Mitmachspiel für alle Besucher.

Frauen haben mit den Jahren das Korsett und alles, was damit verknüpft ist, abgeworfen, sie haben Bildung erworben, sind berufstätig geworden. Modemäßig mochten es manche weit und locker, andere etwas spießig oder unbedingt elegant. Frauen wurden zu Sportlerinnen, fuhren aber zunächst mit wehenden Röcken Ski oder ertrugen Badeanzüge, die die halben Beine bedeckten. Allein der Rückblick auf das Schuhwerk der jeweiligen Zeit ist aufschlussreich – auch die zu tragende Haartracht fügt sich ein als Zeugnis von Macht und Unterwerfung. Die Entwicklung ging buchstäblich Schritt für Schritt vor sich, die Veränderung des Gewands war jeweils nur Ausdruck der voranschreitenden Befreiung; bis Frauen endlich die Hosen anhatten, dauerte es ganz schön lange. Es ist dieser historische Blick, der den Wert der Sammlung ausmacht und einen Museumsbesuch empfehlen lässt.

Die permanente Sammlung ist als Straße mit Schauvitrinen konzipiert, die eingangs auf großen Plakaten gezeigten Patinnen sind ganz international gewählt: die Philosophin

Hanna Ahrendt, die Schriftstellerin Grazia Deledda, die Frauenrechtlerin Rosa Luxemburg, die Hirnforscherin Rita Levi Montalcini sind nur vier Beispiele. Neben der Dauerausstellung werden im Sonderschauraum frauenspezifische Themenausstellungen aus dem In- und Ausland gezeigt. Das Museum hat auch selbst Bücher publiziert und stellt eine fachspezifische Bibliothek zur Verfügung.

Als wir wieder ins Freie treten, fällt mir ein endlos langer Fahrradständer auf, er zieht sich an einer Flanke über den Kornplatz, die abgestellten Fahrräder stehen dicht an dicht. Unwillkürlich muss ich an historische Frauenkleidung denken, die das Fahrradfahren und das Ausüben sonstiger Aktivitäten, die Bewegungsfreiheit erforderten, unmöglich machte. Wir beschließen, das nächste Mal Stadt und Gegend mit dem Rad zu erkunden, denn Meran ist eine richtige RadlerInnen-Stadt.

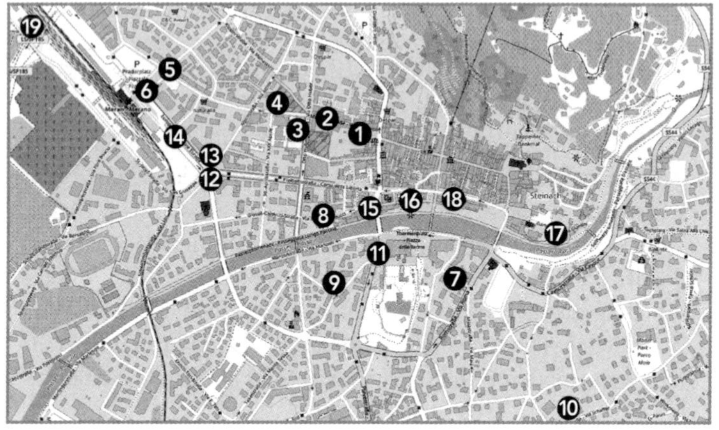

1 *Bar Trattoria Mainardo*
2 *Meinhardstraße*
3 *Otto-Huber-Straße*
4 *Circolo Unificato di Merano*
5 *Andreas-Hofer-Denkmal*
6 *Bahnhof*
7 *Ortweinstraße, ehem. anglikanische Kirche*
8 *Evangelische Kirche*
9 *Synagoge*
10 *Russisch-orthodoxe Kirche St. Nikolaus*
11 *Therme Meran*
12 *Mazziniplatz*
13 *Ehemaliges Hotel Emma*
14 *Europaallee*
15 *Meraner Stadttheater*
16 *Kurhaus*
17 *Wandelhalle*
18 *Piccolo Bar*
19 *Jüdischer Friedhof*

Spaziergang auf den Spuren des „Fremden“

„Multikulti“ mit Tradition

Meran liegt in Italien und doch spricht man hier Deutsch. Das stimmt, ist aber sehr kurz gegriffen. Deutsche, österreichische oder niederländische Besucher kommen oft nur mit deutschsprachigen Meranerinnen und Meranern in Kontakt, dabei ist die Stadt insofern eine Besonderheit in Südtirol, als die deutsche und die italienische Volksgruppe jeweils ziemlich genau 50 Prozent ausmachen. In Bozen steht das Verhältnis achtzig zu zwanzig für die Italiener, in den Tälern ist es genau umgekehrt. Wer nach Meran kommt, sollte diese Besonderheit im Blick haben – und man tut gut daran, genau das auch zu genießen.

Genuss fängt beim Essen an und so beginnen wir unseren Rundgang auf den Spuren des Multikulturellen in der *Bar* Trattoria *Mainardo* gleich unterhalb des Kornplatzes. Hier nehmen viele MeranerInnen ihr Mittagessen ein, die Trattoria ist meist gesteckt voll, am besten hat man schon am Vortag einen Tisch reserviert. Obwohl wir das versäumt haben, können wir noch einen kleinen Tisch ergattern und bestellen *frittura mista* (frittierte Meeresfrüchte, in der Hauptsache Tintenfische) – ein Gericht, das, wie wir beobachten, auch vielen anderen Gästen aufgetragen wird. Es duftet ganz ausgezeichnet. Während wir auf das Essen warten, beobachten wir das wirbelige Treiben in

Belebt: die Meinhardstraße stadtauswärts

diesem von einer Familie geführten Lokal: Die Chefin eilt umher, sie schaukelt den Ablauf der Bestellungen und kassiert, Sohn und Tochter helfen nach dem Kommando ihrer Mutter mit. Einzig der betagte Großvater bringt ein anderes Tempo ins Geschehen: Betont langsam räumt er die schmutzigen Weingläser ab und bringt neue, saubere an die Tische.

Satt und zufrieden spazieren wird die Meinhardstraße weiter stadtauswärts. Bis zur ersten Querstraße, der Otto-Huber-Straße, ist es hier sehr belebt, danach wird es mit einem Mal ruhiger. Über die Otto-Huber-Straße haben wir uns unlängst mit Johannes Ortner, einem Experten in Sachen Straßen- und Flurnamen, der uns auch sonst viel Interessantes über Meran erzählt hat, unterhalten. Es wird nämlich um die Tatsache, dass die Straße (noch immer) nach einem Helden des Faschismus benannt wird, in der Bevölkerung heftig diskutiert: Otto Huber war ein aus Meran stammender Kampfpilot im Libyenkrieg, der im Zusammenhang mit Giftgaseinsätzen Erkundungsflüge durchführte; 1929 wurde er abgeschossen und von den Faschisten zum Helden hochstilisiert. Ortner, der grüner Gemeinderat in Meran ist, wusste zu berichten, dass die Straße umbenannt werden soll – vermutlich nach einem/einer ehemaligen jüdischen Mitbürger/in.

Ganz in der Nähe, in der Meinhardstraße 132, befindet sich ein großes und sehr bemerkenswertes Gebäude, das sogenannte *Circolo Unificato di Merano*, auch Villa Kössler genannt, das einst als Aufenthalts- und Vergnügungsort, als Casino und Hotel-Restaurant ausschließlich Angehörigen des italienischen Heers zugänglich war, heute aber, nachdem es herunterzukommen drohte und restauriert werden musste, der Allgemeinheit als Restaurant zur Verfügung steht. Die Architektur ist sachlich, sehr italienisch und entspricht nicht mehr ganz dem heutigen Geschmack. Aber genau das macht sie interessant und führt dazu, dass der Ort auch bei deutschsprachigen MeranerInnen, nicht zuletzt bei den Architekten der Stadt, geschätzt ist. Man kann hier sehr gut speisen oder im Freien Kaffee trinken. Der Ort verweist deutlich auf die Tatsache, dass Meran eine Militärstadt war, das heißt: Hier waren große Teile des italienischen Berufsheeres stationiert. Ältere MeranerInnen erinnern sich, dass die Stadt früher voller Soldaten war. Hohes Militär, Generäle und Offiziere, frequentierte die hiesigen Lokale und ließ viel Geld liegen. Das Circolo Unificato kann man in diesem Zusammenhang in seiner Eigenheit und als Reminiszenz an eine vergangene Ära wertschätzen; es lohnt sich auf jeden Fall, einen Blick in das etwas großspurige, aber stilistisch einheitliche Foyer und in den halbrunden Speisesaal mit seiner kühlen Ausstrahlung zu werfen.

Doch jetzt lassen wir die Villa Kössler rechts liegen und spazieren weiter stadtauswärts, wir queren die Alpini- und die Segantinistraße und kommen nach kurzer Strecke zum Bahnhofsplatz, wo wir uns dem Andreas Hofer von hinten nähern: Der „Ander“ schaut frontal zum Bahnhofsgebäude, er ist als Freiheitsheld des Bauernaufstandes von 1809 in die Geschichte eingegangen und steht gewiss weniger für Multikulturalität als für Nationalismus und Patriotismus. Dem Hofer-Denkmal vorerst den Rücken zukehrend, betrachten wir das ansehnliche Bahnhofsgebäude. Von hier aus ergeben sich viele

Überlegungen, die die Meraner Weltläufigkeit betreffen: Ein Bahnhof bedeutet immer die Öffnung nach außen, ein Bahnhof ist auch der Ort, an dem die Fremden ankommen. Und da sind wir nun bei Merans Tourismus – gestern und heute.

Intensiver als andere Gegenden Südtirols wird Meran samt seiner Umgebung heutzutage von (dialektal) „Fremmen" überflutet – manche MeranerInnen sprechen sogar von einer andauernden Heimsuchung durch die Touristen. Tatsächlich sind nur wenige Wochen im Jahr ruhiger, und auch das ist längst nicht mehr verlässlich der Fall, denn die Tourismusindustrie hat dafür gesorgt, dass auch die sogenannte tote Zeit regelmäßig zum Leben erweckt wird. Eine solche Wiederbelebungsmaßnahme ist etwa das 1992 eingeführte *Merano International Winefestival & Culinaria*, eine Veranstaltung der heimischen Wirtschaft, die im November über die Bühne geht und damit eine Saisonlücke schließt. Ausgestattet mit dem lockenden Motto „internationales Fest der Sinne" holt die Marke *Winefestival* auch viele Touristen in die Stadt – jedenfalls die betuchteren Feinschmecker unter den Reisenden. Nicht zu verwechseln mit dem *Winefestival* ist aber das *Meraner Traubenfest*, eine mehr traditionelle als trendige Veranstaltung, die als dreitägiges Erntedankfest mit Umzug, Musikkapellen, Tanzgruppen und Trachtengilden im Oktober anberaumt ist.

Weltstadt Meran – Mythos und ein Körnchen Wahrheit

Als Meraner Bürgerin oder Bürger hat man im Grunde zu keiner Zeit die Stadt für sich – aber was heißt das eigentlich und wäre es überhaupt erstrebenswert? Die Meranerinnen und Meraner sind, so sagt man, traditionell weltoffen, zum einen, weil sie davon leben, zum anderen, weil sie sich an die Anwesenheit von Fremden gewöhnt haben. Meran ist – historisch begründet – kosmopolitisch und diese Art von Weltoffenheit bringt nicht nur Geld ins Gemeindebudget, es bedeutet auch Anbindung an interessante Strömungen der jeweiligen Zeit und kulturelle, nicht zuletzt auch ethnische und religiöse Vielfalt. Im erzkatholischen Tirol war Meran eine liberale Insel, es gab Gotteshäuser fünf verschiedener Religionen – der katholischen, evangelischen, anglikanischen, russisch-orthodoxen und jüdischen Tradition. Das sogenannte Protestantenpatent, das 1861 die allgemeine Religionsfreiheit gewährte, führte dazu, dass sich im neunzehnten Jahrhundert Menschen ganz unterschiedlicher Kulturen hier niederließen. In einem Gebiet, das sich außerdem aus wirtschaftlichen Gründen – Stichwort Fremdenverkehr – als Aufenthaltsort für Menschen aus aller Welt anbot, konnten allzu enge oder gar kleinkarierte Sichtweisen keinen Platz haben.

Die evangelische Kirche in der Carduccistraße. Pastor Martin Krautwurst informiert gerne über die Geschichte der evangelischen Gemeinde Merans.

Die anglikanische Kirche befand sich in der Ortweinstraße in der Nähe der Therme, an der Stelle, wo heute das Haus der Volkshochschule Urania ist; die noch aktive evangelische Kirche ist an der Passer-Promenade unterhalb der Theaterbrücke gelegen. Die russisch-orthodoxe Gemeinde ist ebenfalls sehr lebendig, der Pope hält Andacht in einer Kirche, die dem wundertätigen Nikolaus geweiht ist. Diese Kirche in der Schafferstraße 21 (sie steht etwas versteckt zwischen Villen) war das Zentrum der Russenkolonie und beherbergt eine beachtliche Ikonensammlung. Man muss also nicht nach Russland fahren, um einmal einer russisch-orthodoxen Messe beizuwohnen – Frauen tragen bei der Messe Kopftuch, wer keines dabei hat, kann sich im Eingangsbereich der Kirche eines ausleihen. Gemeinsam mit der Nikolauskirche bilden die Villa Borodina (der Name geht auf die russische Spenderin zurück) und die Villa Moskau ein schönes Ensemble. Und dann sind da natürlich noch die Synagoge und das jüdische Museum, beide befinden sich in der Schillerstraße – doch dafür braucht man etwas mehr Zeit, besser widmet man einem Besuch der Synagoge und des jüdischen Friedhofs einen eigenen Halbtag.

Meran, kein Ort für Engstirnigkeit also? Der sonst sehr kritische Dichter Norbert Conrad Kaser hat in einem seiner literarischen Texte, dem *stadtstich meran*[11], der Stadt ein „exotisches tolerantes gepraege" zugeschrieben. Den gelassenen Umgang mit Angehörigen unterschiedlicher Nationen haben die Meraner und Meranerinnen tatsächlich gelernt, und Multikulturalität wurde hier schon gepflegt, als es diesen Begriff noch gar nicht gab. Um das zu verstehen, muss man aber etwas weiter in die Geschichte der Stadt zurückgehen.

Spätestens ab Mitte des neunzehnten Jahrhunderts entwickelte sich die Stadt zu einem Kur- und Gesundheitszentrum für Gäste aus ganz Europa und darüber hinaus – eine Tatsache, die das Wiedererwachen nach langem Dornröschenschlaf und den am Beginn des neunzehnten Jahrhunderts eingeleiteten wirtschaftlichen Aufstieg der Stadt und einer ganzen Region mit sich brachte. Dass der frühe Besuch der Gattin Napoleons, Marie-Louise von Habsburg, den Auftakt zu dieser Entwicklung gegeben haben soll, steht in vielen Meran-Führern und ist durchaus nicht unwahrscheinlich: Was Promis so machen, wenn sie es sich gut gehen lassen, wurde schon damals auf dem internationalen Parkett neugierig verfolgt. Demnach war, was für die Gattin eines Kaisers gut genug war, auch für andere gut. Marie-Louises Ehe mit Napoleon war zwar zerrüttet, sie hasste ihren Mann und lebte mit einem anderen, dem Grafen Adam Albert von Neipperg, in Parma, doch als sie zwischen 1818 und 1823 nach Meran kam, folgte ihr ein Rattenschwanz weiterer hoher Adeliger, und das, obwohl Meran vergleichsweise ärmlich war. Die Adeligen konnten aber immerhin die vielen vorhandenen Schlösser und Burgen beziehen. Durchschlagender als die Anwesenheit des Hochadels wirkte die Tatsache, so wird erzählt, dass ein findiger Arzt – der Leibarzt von Fürstin Mathilde von Schwarzenberg, ein Wiener namens Huber – 1837 ein quasi-wissenschaftliches Büchlein

11 *Norbert C. Kaser: Prosa. Hg. v. Benedikt Sauer, Erika Wimmer-Webhofer. Innsbruck: Haymon 1988 (Gesammelte Werke Bd. 2), S. 90.*

veröffentlichte, das das gesunde Klima und die naturbelassenen Produkte des Burggrafenamtes rühmte und auf Trauben- bzw. Molkekuren und Mineralquellen der Umgebung schwor. 1840 wurde eine Kaltwasser-Heilanstalt eröffnet, das sei die Geburtsstunde des Kur- und Gesundheitszentrums Meran gewesen, heißt es, eine zweite Geburt sollte später folgen, worauf ich noch zurückkommen werde. Insgesamt waren es offenbar immer wieder hochrangige Ärzte, die durch ihre Empfehlungen die Aufmerksamkeit einer breiteren Schicht auf bestimmte Orte lenkten, sie damit förderten und zugleich auch selbst etwas davon hatten. Lobbyismus würde man das heute nennen.

Doch es bedurfte nicht nur der entschiedenen Anregungen von außen, sondern auch heimischer Tüchtigkeit: 1826 war Valentin Haller zum Bürgermeister der Stadt erkoren worden – er gilt noch heute als der Mann, der etwas weiterbrachte, indem er die Konservativen Merans von den notwendigen infrastrukturellen Umgestaltungen zu überzeugen vermochte. Die städtebaulichen Maßnahmen schienen zunächst allzu teuer zu sein und es gab viel Widerstand. Am Ende rentierten sie sich aber, und wie! Wäre Valentin Haller kein Visionär, kein geschickter Taktierer und kein tatkräftiger Mensch gewesen, so wären die hohen Gäste vielleicht bald wieder ausgeblieben, weil es nicht genug standesgemäße Unterkünfte gab. Obwohl Haller gewiss ein Pionier war, agierte Meran keineswegs allein auf weiter Flur. Die Entwicklung der Stadt zum Kurort erfolgte letztlich in einem allgemeinen Trend, denn in der zweiten Hälfte des neunzehnten Jahrhunderts standen in ganz Europa die Zeichen auf Fremdenverkehr – es war der neue Wirtschaftszweig schlechthin, der zwar durch die Depression und den Börsenkrach 1873 kurzfristig einbrach, sich aber rasch wieder erholte. Was aber Meran im Vergleich zu anderen Orten sicher begünstigte, war das besonders milde Klima: In einer Zeit, in der die Tuberkulose sehr verbreitet war, versprach dieses Klima Heilung oder zumindest Linderung. Dr. Franz Tappeiner war ein international angesehener Tuberkuloseforscher, der in Meran wirkte und wesentlich dazu beitrug, dass dieser Ort viele Lungenkranke anzog. Tappeiner spendierte 1893 der Stadt Meran die nach ihm benannte Promenade, die sich den Sonnenhang des Küchelberges entlangzieht, dazu die Sitz- und Trinkhalle am Aufgang zum berühmten Spazierweg. Der Tappeinerweg ist wegen seiner sonnigen Lage, der Aussicht auf das gesamte Etschtal und wegen der ihn säumenden exotischen Pflanzen allseits beliebt, und zwar keineswegs nur bei Touristen, sondern ganzjährig bei den MeranerInnen selbst.

Die Gästezahlen nahmen aber nicht nur in Meran, sondern mit einem Mal überall zu. Plötzlich sollte nicht mehr nur die Hautevolee Ferien machen, sondern auch die breite wohlhabende Mittelschicht. Überall schossen Kurorte wie Pilze aus dem Boden: Ob Karlsbad im damaligen Böhmen und heutigen Tschechien oder Baden bei Wien, ob Bad Ischl im Salzkammergut oder die Winterkurorte Gries bei Bozen und Arco in der Nähe des Gardasees – sie alle sind in dieser Zeit groß geworden, die einen etwas früher, die anderen etwas später. Seit man die Nächtigungszahlen statistisch erfasste, zeigte sich, dass Tirol vergleichsweise erfolgreich war – 1875 war es nach Böhmen das wichtigste Fremdenverkehrsgebiet der K. u. K.-Monarchie. Der Zeitpunkt des Aufschwungs eines Ortes hing – es liegt auf der Hand – wesentlich von der geografischen Lage und Erreichbarkeit ab: beginnender Massentourismus und Postkutschentransporte – das geht nicht zusammen. Man musste den Gästen schon etwas Bequemeres bieten, zum Beispiel einen tadellosen Transport via Eisenbahn mit punktgenauer Landung am gewünschten Ziel.

Was heute *Österreichische Bundesbahn* oder *Trenitalia* sind, hieß einst *Stockton and Darlington Railway* und war die erste öffentliche Eisenbahn, gegründet 1825 in England, die neben Gütern erstmals auch Personen beförderte. Die Eisenbahn in Europa, und natürlich auch die in Nordamerika, entwickelte

Der Meraner Bahnhof: Die Strecke Bozen-Meran wurde 1881 in Betrieb genommen.

sich im neunzehnten Jahrhundert rasant, binnen weniger Jahrzehnte wurde ein Verkehrssystem gebaut, das die wichtigsten Städte miteinander verband und die Reisezeiten drastisch verkürzte. Die europäischen Großstädte rückten damit den Alpen näher, die Städter hatten nun die Möglichkeit, komfortabel und in relativ kurzer Zeit Gebirgsgegenden und südliche Landschaften zu erreichen.

Meran war schon ohne Bahn ein bekannter Kurort, aber als 1870 Kaiserin Elisabeth von Österreich – Sissi – nach Meran kam und mit ihrem Hofstaat das gesamte Schloss Trauttmansdorff in Beschlag nahm, war das natürlich Marketing erster Güte: Die Gästezahlen verdoppelten sich nur ein Jahr später. Nachdem 1881 die Bahnlinie Bozen–Meran eröffnet war, konnten noch mehr „Fremde" anreisen, und sie kamen aus aller Welt, aus dem preußischen Norden oder dem fernen Russland. Man bedenke: Über das Eisenbahnnetz war Meran mit einem Mal direkt mit St. Petersburg verbunden, ein Waggon der russischen Eisenbahn wurde regelmäßig an den Zug der österreichisch-ungarischen Bahn angekoppelt. Nicht nur das gehobene Bürgertum stellte sich ein, jetzt kamen auch die Literaten, die Künstler und Wissenschaftler. Meran war plötzlich bunt gemischt, und in dieser Hinsicht tatsächlich eine Weltstadt – multikulti eben. Eine gewissermaßen natürliche Folge von all dem war vor allem eines: ein gewaltiger Bauboom setzte ein.

Wir finden, dass sich das Bahnhofsgebäude architektonisch sehen lassen kann, und wir stellen uns vor, wie es hier um 1870 zugegangen sein mag, als Kaiserin Elisabeth mit Gefolge ankam. Hoheiten und royale Gäste aller Art sollten nicht auf provinziell wirkenden schmalen Straßen vom Bahnhof aus das Stadtinnere erreichen, weshalb breite Boulevards angelegt wurden. Heute heißen sie 4.-November-Straße und Europaallee und vermitteln dem mit der Bahn Ankommenden großstädtisches Flair. Spaziert man diese Boulevards entlang, kommt man zum Mazziniplatz, von dem die Freiheitsstraße im Weiteren kerzengerade ins Zentrum führt. Der Mazziniplatz wird von mächtigen Gebäuden flankiert, die an die Wiener Ringstraße erinnern (und tatsächlich bauten einige der Architekten, die den Wiener Ring prägten, auch in Meran): linker Hand steht das ehemalige Hotel Emma, in dem heute die *Fachoberschule für Soziales Marie Curie* untergebracht ist und in dem der weltbekannte Bergsteiger Reinhold Messner mit

Gründerzeitflair im Hotel Bellevue in der Freiheitsstraße 194

seiner Familie eine Etage bewohnt. Die Freiheitsstraße, die ins Zentrum hineinführt, ist eine schmale Allee, hier kann man uralte Platanen mit eindrucksvoll dicken Stämmen sehen – sie sind so ehrwürdig wie einige der alten Häuser, die noch den Glanz der Gründerzeit spiegeln.

Man muss nicht weit gehen, um die belebteren Zonen zu erreichen – belebt, das waren sie schon vor mehr als hundert Jahren. Das Meraner Stadttheater auf dem Theaterplatz hat in seiner Blütezeit gewiss zur Internationalisierung Merans beigetragen, dasselbe gilt für das wenige hundert Meter entfernte Kurhaus, das auf das Jahr 1874 zurückgeht, über die Jahrzehnte hinweg aber mehrere Umbauten und Erweiterungen erfuhr. Im Zentrum ist die Freiheitsstraße keine Allee mehr, sondern der zentrale Boulevard, auf und an dem sich bis heute ein guter Teil des gesellschaftlichen Lebens abspielt. Und dann ist da noch das einzigartige und weitläufige Promenadennetz, das an der Passer und auf dem Küchelberg entstand und dessen Vegetation vom milden südalpinen Klima der Stadt profitiert. Nicht zu vergessen sind obendrein Wandelhalle (auch Wandelbahn) und die vielen Villen in Unter- und Obermais: Einige wurden von Anfang an als Unterkünfte für die internationalen Gäste geplant und ausgeführt, noch heute befinden sich viele Villen in ausländischem Besitz.

Hatte es zur Geburtsstunde der Kurstadt noch an allem gefehlt, hatte es zunächst kaum Hotels und schon gar keine Vergnügungsstätten oder kulturelle Infrastrukturen gegeben, so sah es um 1910 schon vollkommen anders aus: Meran hatte sich prächtig entwickelt und die Fremdenverkehrswirtschaft blühte. Zwischen Bahnhof und Kurhaus sowie an beiden Seiten der Passer stehen die meisten Zeugen einer Epoche, die man die Meraner Belle Époque nennt.

Wir sind inzwischen etwas müde geworden und kehren in der Freiheitsstraße in der *Piccolo Bar* ein, um Luigi Bortoli zu treffen. Gigi hat das Herz am rechten Fleck und wir haben ihn in kurzer Zeit schätzen gelernt. Er schreibt für die italienische

Auch im Winter oder bei Regenwetter: Die Tappeinerpromenade ist auch ein Erholungsgebiet für die Meranerinnen und Meraner.

Tageszeitung *Alto Adige* und er fotografiert gekonnt. Gigi verfügt über ein großes fotografisches Archiv, er gilt als Dokumentator der Meraner Kultur-, vor allem der Theater- und Musikszene. Ein Teil seiner Bilder und Texte wurde in dem Buch mit dem treffenden Titel *Meran/o My Generation* publiziert. Diese seine Generation, das „andere" Meran, hat der sympathische Italiener fotografisch eingefangen und dabei auf wunderbare Weise die Seele der Menschen, ihre Befindlichkeit und ihren sozialen Status herausgearbeitet. Viele Künstlerinnen und Künstler, die in Meran leben oder vorübergehend hier waren, wurden von ihm verewigt. „Woasch" (weißt du?), mit diesem Dialekt-Wörtchen beginnen viele seiner nachdenklichen Sätze, seien sie nun deutsch oder italienisch. Wie andere Südtiroler und Südtirolerinnen auch springt er gern zwischen den beiden Sprachen hin und her. Nur wenn er müde ist, bleibt er lieber ganz bei seiner Muttersprache, nicht ohne da und dort ein überlegendes „Woasch" einzuflechten.

Die zweite Geburt der Kurstadt

Nach den Schrecken des Zweiten Weltkriegs erwachte die Lebenslust in den Menschen, die Sehnsucht nach Sicherheit und Wohlstand wuchs. Der Wiederaufbau forderte den Menschen alles ab, aber jetzt verlieh das Wirtschaftswunder der Sehnsucht Flügel. Die Träume vom schöneren Leben und das daraus resultierende Fernweh konnten allmählich in die Realität umgesetzt werden. In den 1960er-Jahren wurde Urlaub bald zu einem Recht für eine breitere Schicht, der Süden und seine Genussfaktoren Sonne, Natur und roter Wein winkten.

Die Marke Meran war etwas angerostet, doch den Leuten international noch immer im Gedächtnis – jetzt galt es, sie zu aktivieren. Meran und die Dolomitenregion konnten im Südtirol der Nachkriegszeit am stärksten anziehen. Zunächst kamen vornehmlich Gäste aus dem Inland, aus Italien, denn das Land hatte sich als Industrienation etabliert, die Menschen hatten Geld. Und die italienische Regierung warb für Urlaub im Alto Adige. Das faschistische Regime hatte in Meran insbesondere in Sportanlagen, in Tennisplätze, Bäder und vor allem den Pferderennplatz investiert, weshalb Meran nun begann, sportliche Großevents zur Unterhaltung der Gäste abzuhalten. Doch auch die Deutschen kamen allmählich wieder

nach Meran, zum Beispiel mit Sonderzügen der Deutschen Bahn. Als Erstes kamen die Angehörigen gefallener Soldaten, um den deutschen Soldatenfriedhof zu besuchen, auf dem über tausend Kriegstote des Zweiten Weltkrieges begraben sind.

Die Kurverwaltung Meran leistete den Löwenanteil, wenn es darum ging, Meran als Kur- und Ferienort wieder tauglich zu machen. Sie ließ sich zur Steigerung der Attraktivität Events wie Autorennen oder Porsche-Treffen einfallen. Auch das Kurorchester spielte wieder – ab 1952 in der warmen Jahreszeit zweimal täglich. Die markanteste Veränderung in der touristischen Ära nach dem Zweiten Weltkrieg aber war der Individualverkehr. Der Besitz eines eigenen Autos war nicht mehr nur wenigen vorbehalten, auch die Angehörigen der Mittelschicht und selbst Arbeiterfamilien konnten sich oftmals ein Auto leisten. Es gehörte zur Krönung des Individualismus, mit dem eigenen Wagen nach – zum Beispiel – Meran zu fahren. Entsprechend groß waren bald die Verkehrsprobleme, die durch den Verkehr entstanden; breitere Straßen, Umfahrungen, Brücken und Tunnels mussten gebaut werden.

Beispielhaft für die Geschichte des Nachkriegstourismus ist das ehemalige Hotel Bristol in der Freiheitsstraße, Ecke Otto-Huber-Straße. Dieses Hotel war *die* Luxusherberge der 1950er-Jahre, die ihrerseits das Bristol der Gründerzeit ersetzte – das alte Hotel Bristol war eines der wenigen Hotelgebäude, die vollständig abgebrochen und durch neue Architektur ersetzt wurden. Im Sommer 1954 öffnete das neue Bristol und damit die eleganteste Adresse Merans seine Tore, ausgestattet mit allem Komfort und einem Schwimmbad auf dem Dach (was damals noch sensationell war). Das Hotel wurde nicht nur von Promis wie Sophia Loren oder den Kessler-Zwillingen besucht, es war auch Drehschauplatz für Filme, ein Ort für Kongresse oder Veranstaltungen der Wirtschaft.

Schöne, aber renovierungsbedürftige Häuser im Zentrum von Meran

Heute steht an dieser Stelle ein großes Wohngebäude mit Einkaufszentrum …

Um die Gästezahlen zu erhöhen, förderte man ab 1966 Thermalwasser vom Vigiljoch bei Lana. Granitgestein prägt die Gegend um das Vigiljoch und reichert das Regenwasser tief im Berginneren mit Radon, Fluor und seltenen Metallen an. Ab 1966 stand der Stadt somit das alte Kurmittel Wasser in erneuerter Form zur Verfügung und entfaltete enorme Anziehungskraft. Eine Anlage wurde gebaut: In einem 1200 Meter langen Stollen zwischen 1503 und 1483 Metern Meereshöhe wurde das Wasser gesammelt und in die Stadt geleitet. All die Bemühungen lohnten sich: Im Südtirol der späten 1960er- und frühen 1970er-Jahre herrschte eine Art Goldrausch, so sehr boomte der Fremdenverkehr, was natürlich auch zur Folge hatte, dass das Land sein Gesicht rasant veränderte; in hohen Lagen entstanden Straßen, Parkplätze, Lifte und Hotelburgen. Viele Bürgerinnen und Bürger, im besonderen Architekten, Kulturtreibende und Künstler, setzten nun zur Tourismuskritik an: Im Zuge der 1968er-Bewegung wurde die rücksichtslose Profitgier der Fremdenverkehrsindustrie gegeißelt. Die Auswirkungen des Massentourismus kritisch zu überdenken, ist bis heute nicht obsolet geworden.

Obwohl kolportiert wird, man könne in der Stadt hin und wieder Promis wie Caroline von Monaco, Cristiano Ronaldo, Zinédine Zidane, Thomas Gottschalk oder Gianna Nannini sehen, und obwohl so jemand wie der New Yorker Michael Maharam, der zu den gefragtesten Textil- und Interieur-Designern der Welt gehört, und das in vierter Generation, sich auf dem Sonnenhang unter Schloss Tirol aktuell gerade eine Villa baut, ist die Stadt längst nicht mehr so mondän und elegant, wie sie es einmal war.

Doch eines ist unbestreitbar der Fall: Meran hat den Ruf, multikulturell orientiert und eher freidenkend als engstirnig zu sein. Ob es sich dabei mehr um eine Legende als um Tatsachen handelt, sei dahingestellt – sicher ist aber: Man tut gut daran, auf dieses schöne Markenzeichen auch in Zukunft gut aufzupassen.

SCHWARZPLENTENER RIEBLER

Zutaten

200 g grobes schwarzplentenes Mehl (Buchweizen-Mehl)
1/4 l Milch
3 Eier
Butter
Salz und Staubzucker
1 bis 2 würfelig geschnittene Äpfel

Zubereitung

Das schwarzplentene Mehl mit der Milch verrühren und eine Stunde quellen lassen. Eier und Salz dazugeben. Die Rieblermasse in der Butter anbacken, dann wenden und in Stücke stechen. Weiterbraten und zerteilen, bis lauter kleine Stückchen entstehen. Die Apfelwürfel dazugeben und weiterbraten. Den Riebler mit Staubzucker bestreuen und mit etwas Preiselbeermarmelade servieren.

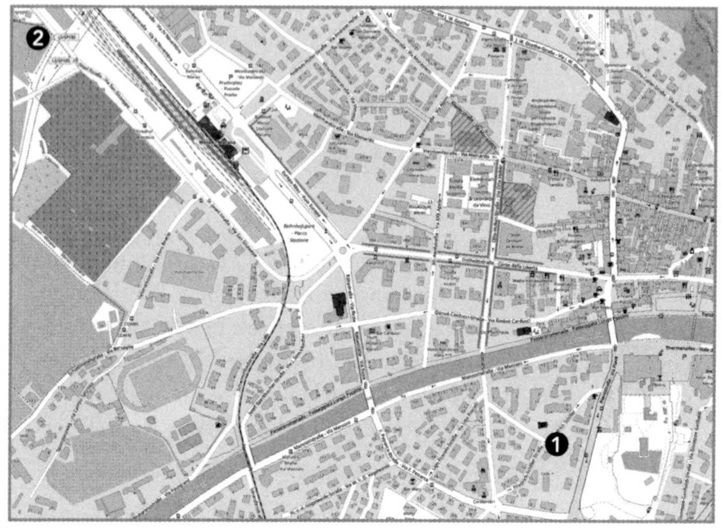

1 Synagoge / Jüdisches Museum
2 Jüdischer Friedhof

Die jüdische Gemeinde in Meran

Der Pioniergeist jüdischer Familien

Die Meraner Juden wirkten im Lauf der Geschichte in vielfältiger Weise im Interesse der Stadt, sie finanzierten vieles von dem, woran sich Touristen genauso wie Einheimische heute noch erfreuen – Villen, Hotels, Sanatorien und Kulturstätten wurden mit ihrem Geld gebaut, alte Bausubstanz mit ihrem Geld saniert, ihre sozialen Einrichtungen wie Schulen und Kindergärten wurden der Allgemeinheit zur Verfügung gestellt. Manche jüdischen Familien gehörten gar zu den Pionieren in der Tourismusentwicklung Merans, sie förderten Großprojekte wie die Trockenlegung von Landstrichen an der Etsch oder den Bau von Bahnlinien. Durch Baron Isaak und Lisette Königswarter aus Frankfurt wurde in den 1870er-Jahren die *Königswarter Stiftung* gegründet; ein Teil des Geldes wurde dazu verwendet, armen Juden eine Kur in Meran zu ermöglichen.

Dass die Stadt sich zu einem international bekannten Luftkurort entwickeln konnte, verdankt sie also in vielfacher Weise Juden. Durch die Aktivitäten der jüdischen Gemeinde kamen wohlhabende Gäste und bedeutende jüdische Persönlichkeiten – Kafka, Freud, Schnitzler, Zweig – nach Meran und trugen dazu bei, dass der Wohlstand sich vermehrte, das Ansehen

Die Synagoge mit dem sehenswerten jüdischen Museum in der Schillerstraße 14

der Kurstadt wuchs. Die angesehensten Krankenhäuser wurden von jüdischen Ärzten geführt, so etwa *Martinsbrunn* in Gratsch: Dr. Norbert Kaan erwarb das Gebäude, und damit sich die Gäste nicht als Kranke fühlten, baute er es zu einem schlossähnlichen Sanatorium um. Eines der ersten Sanatorien war das *Stephanie* des Dr. Ronald Binder in der Cavourstraße. Das Hotel Bellaria in der Otto-Huber-Straße 25 entwickelte sich zu einem besonderen Treffpunkt jüdischer Gäste, es verfügte über ein koscheres Restaurant und eine eigene Synagoge.

Die Vertreibung der Juden aus Meran

Obwohl viele jüdische Personen und Familien schon seit Generationen in Meran lebten, wurden sie wie überall in Europa mit einem Mal geächtet. Menschen wie du und ich, unmittelbare Nachbarn vielleicht, oder Kaufleute, bei denen man täglich Lebensmittel, Wäsche, Schuhe und Spielsachen einkaufte, gute Bekannte, vor denen man auf der Promenade den Hut zog, viele von ihnen angesehene Bürger, die zum wirtschaftlichen Aufstieg der Stadt Wesentliches beigetragen hatten, Baumeister und Unternehmer, die wichtige Infrastrukturen schafften, oder Ärzte, denen viele Meraner Gesundheit und Leben verdankten, wurden aus rassischen Gründen vertrieben und verfolgt. Wie vielen jüdischen Familien Meran tatsächlich eine Heimat war, kann man bei einem Besuch des jüdischen Friedhofs wohl ahnen, akribisch erforscht wurde dies erst in den vergangenen Jahren. Denn das Archiv der jüdischen Gemeinde ist zerstört worden.

Das Schicksal jüdischer Familien in der Zeit des Nationalsozialismus haben der Leiter des *Jüdischen Museums*, Joachim Innerhofer, und die Historikerin Sabine Mayr unlängst in einer Publikation mit dem Titel *Mörderische Heimat* dargestellt; seit einiger Zeit bieten die beiden auch Stadtführungen

Ort des Gedenkens: Der jüdische Friedhof befindet sich direkt neben dem allgemeinen Friedhof.

zur jüdischen Geschichte Merans an. Den jüdischen Friedhof in der St.-Josef-Straße hinter dem Bahnhof, wo sich auch der allgemeine städtische Friedhof befindet, die Synagoge und das Jüdische Museum in der Schillerstraße 14 in Untermais sollte man unbedingt besuchen. Von hier ist es auch nicht weit bis in die Giacomo-Leopardi-Straße 31, wo sich das *Kulturzentrum Anne Frank* befindet. Wertvoll für Interessierte ist auch die alte Landkarte auf der Website der Jüdischen Gemeinde, die den Standort jüdischer Einrichtungen im Zeitraum von 1889 bis 1939 – Villen, Banken, Sanatorien, Geschäfte, koschere Restaurants – nachvollziehbar macht. Die systematische Erfassung früherer jüdischer Einwohner Südtirols ergab, dass in Meran an die zweihundert Opfer der Schoah zu betrauern sind.

Die Autoren von *Mörderische Heimat* geben einen Überblick über die (lange Zeit tabuisierte) jüdische Geschichte Südtirols insgesamt, an deren Ende die Deportation steht: Die jüdischen Bürger wurden im KZ Reichenau in Innsbruck, das als Arbeitslager galt, interniert, von dort brachte man sie nach Auschwitz. Zahlreiche der in jüdischem Besitz befindlichen Villen wurden arisiert.

Nazi-Verbrecher „mitten unter uns“

Zum schwierigen Zusammenleben von Opfern, Mitläufern und Tätern gehört auch diese Geschichte: Einer der Nazi-Verbrecher, der in Schenna gebürtige Anton Malloth (Jahrgang 1912), konnte nach der Katastrophe unbescholten mitten in Meran leben. Er war Aufseher im Gestapogefängnis *Kleine Festung* in Theresienstadt gewesen. Als die Rote Armee 1945 einmarschierte, floh er nach Wörgl und tauchte unter. Anfang 1948 wurde er von der österreichischen Polizei festgenommen. Bei seiner Vernehmung durch einen Innsbrucker Richter bagatellisierte er seine Rolle im Gestapogefängnis und bestritt jede Art von Beteiligung an Folterungen und Morden. Als Malloth im September 1948 in Abwesenheit von einem tschechoslowakischen Gericht für Kriegsverbrechen in Theresienstadt zum Tod verurteilt wurde – der unter dem Namen „der schöne Toni“ bekannte Malloth hatte an die hundert Häftlinge zu Tode geprügelt –, war er von der österreichischen Justiz bereits wieder auf freien Fuß gesetzt worden. Das Urteil wurde 1969 aufgehoben, das Auslieferungsersuchen blieb aber bestehen. Trotzdem erhielt er 1957 die deutsche Staatsbürgerschaft, trotzdem wurde sein deutscher Pass mehrfach verlängert. Malloth lebte als deutscher Bürger unbehelligt in Meran. 1972 machte der

Sprecher der jüdischen Kultusgemeinde, Federico Steinhaus, bekannt, dass Malloth nur ein kleines Stück von der Synagoge entfernt, nämlich in der Petrarcastraße, wohnte und als Vertreter einer Radiofirma arbeitete. Auch dem wurde nicht konsequent nachgegangen. Erst 2001 wurde Malloth als 88-Jähriger vom Münchner Landgericht abgeurteilt.

Auch Juden zog es nach dem Krieg wieder nach Südtirol: 1972 kehrte der Prager Medienphilosoph und Kommunikationswissenschaftler Vilém Flusser aus dem Exil nach Europa zurück. Seine gesamte Familie war in Auschwitz ermordet worden. Jetzt mietete er sich mit seiner Frau, mit der er ein besonderes Faible für Gebirgsgegenden teilte, über die Wintermonate in Meran ein. Das Ehepaar Flusser wohnte in Obermais in der Villa Hasler unter Dach, von Malloths Nachbarschaft wusste es nichts. Doch vielleicht war es symptomatisch, dass die Flussers in der Stadt nicht heimisch wurden: Sie hatten mit der Meraner Gesellschaft nichts zu tun und blieben fremd. Wie Edith Flusser viel später gegenüber der Wochenzeitung *Die Zeit* berichtete, pflegten sie stattdessen intensiven Kontakt mit dem Archäologen Bernardo Bagolini und seiner Familie, die im Trentino wohnte. Bagolini beschäftigte sich mit den Felsenbildern des Val Camonica und später mit dem fünftausend Jahre alten Steinzeitmenschen, der Ötzi genannt wurde. Flusser hingegen hat sich zeitlebens mit dem Untergang der Schriftkultur auseinandergesetzt: Wir befinden uns in einer Zeit, in der die Texte ihre Funktion verlieren und ein Umbruch der Codes stattfinde, so seine These. Mit Ernst von Glasersfeld hätte sich Flusser wohl gut verstanden, doch der lebte in den 1970er-Jahren schon lange nicht mehr in Meran.

Aus der Meraner Gegend stammte ein weiterer lange gesuchter Nazi: Karl Tribus, geboren 1914 in Lana, war SS-Angehöriger und Kriegsverbrecher. Ihm wurde u. a. vorgeworfen, 1943 an der Verhaftung der Meraner Juden beteiligt gewesen zu sein. Nach Kriegsende nahm der ehemalige SS-Oberscharführer eine neue Identität an und tauchte zunächst im Ultental, Nähe Meran, unter – das entlegene Tal wurde von vielen NS-Kriegsverbrechern als Versteck genutzt. 1948 flüchtete Tribus mit einer neuen Identität über die sogenannte Rattenlinie (über Genua) nach Argentinien. 1957 gab seine Frau der Heimatgemeinde per Telegramm eine Falschinformation: Ihr Mann sei in Argentinien gestorben. Durch diesen Trick konnte sich Tribus bis zu seinem Tod 1980 sicher fühlen.

Auch zwei der Meraner Schlösser stehen mit den Verbrechen der Nazis in Verbindung. In den Kriegsjahren 1943/44, als Südtirol *Operationszone Alpenvorland* war und dem Gauleiter Franz Hofer unterstand, suchte der damalige Kriegsminister Albert Speer – Hitlers Architekt – auf Schloss Goyen Ruhe und Erholung. Er litt an einem hartnäckigen Knieleiden und kam in Begleitung seines Leibarztes Dr. Karl Gebhardt. Gebhardt war für den Tod vieler KZ-Häftlinge verantwortlich und wurde in den Nürnberger Prozessen verurteilt und hingerichtet. Doch während des Krieges war noch alles in Ordnung: Während seine Wachen und Ärzte auf Goyen wohnten, bezog Speer das gemütlichere Pächterhaus nebenan.

Oberhalb von Rametz liegt mitten in den Weinbergen Schloss Labers, als Schlosshotel erster Güte bekannt und bei betuchten Gästen beliebt. In diesem Hotel logierte z. B. der Dichter Stefan Zweig, der nicht zu den Ärmsten seiner Zunft gehörte. In den letzten Jahren stand das Schloss zur Versteigerung; der Verkauf ist offenbar gelungen, denn 2017 wird das Haus wiedereröffnet. An diesem schönen Ort wurde für das Dritte Reich Falschgeld gedruckt. Es handelte sich dabei um eine der größten Geldfälscheraktionen der Geschichte, bekannt als „Operation Bernhard“. Die Druckerei in Labers war mit den besten Maschinen ausgestattet, von hier aus wurden die falschen Dollar und Pfund Sterling über weitere Stützpunkte in Umlauf gebracht. Unter anderem wurden auch die Mittel für den damals bestbezahlten Spion, Deckname: Cicero,

Schloss Labers: „Operation Bernhard" in einer der schönsten Lagen Merans

hergestellt: Hinter diesem Decknamen verbarg sich Elyesa Bazna aus Priština , der von Oktober 1943 bis März 1944 in Ankara für den deutschen Sicherheitsdienst tätig war. Sein durch Spionage angehäufter Reichtum verschwand übrigens schlagartig, als man Falschgeld zu ihm zurückverfolgen konnte; bis an sein Lebensende zahlte er Schulden zurück.

Last, but not least hat die geschiedene zweite Frau des berüchtigten KZ-Arztes Josef Mengele jahrzehntelang in Meran gelebt. Als in den 1980er-Jahren die Fahndung nach Mengele intensiviert wurde, wurde das Haus in der Obermaiser Parkstraße, in dem sie wohnte, observiert: Tag und Nacht konnte man dort einen Polizeiwagen mit zwei Beamten in Zivil beobachten. Dass Mengele zu ihr kommen könnte, um sich zu verstecken, war aber nur eine von vielen Möglichkeiten. Später stellte sich heraus, dass er bereits 1979 in Brasilien gestorben war.

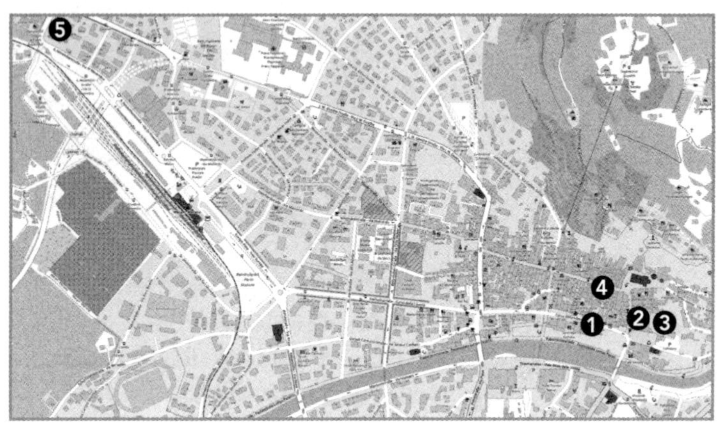

1 Theater in der Altstadt
2 Edizioni Alpha Beta
im ehemaligen Esplanade
3 Ansitz Kallmünz / RemiXmenu
4 ES gallery
5 Flüchtlingsunterkünfte Meran

Vom schwierigen Zusammenleben

Eine Hoffnung, die niemals stirbt

Weil Meran als Kur- und Genesungsort galt und zahlreiche Heilkundige hier lebten, wurde die Stadt im Ersten Weltkrieg zur offenen Stadt erklärt: Sie durfte nicht bombardiert werden; Tausende Kriegsverwundete wurden von den Tiroler Fronten hierhergebracht und gepflegt.

Die Kriegsjahre waren in der Region Tirol eine harte und entbehrungsreiche Zeit, generell waren viele europäische Länder von Elend und Hunger betroffen. Es wundert daher nicht, dass der Fremdenverkehr zum Erliegen kam. Und nach dem Ersten Weltkrieg wurde Tirol in zwei Teile geteilt, Südtirol gehörte ab 1919 zu Italien. Südtirol, das zu den deutschen Kronländern der K. u. K.-Monarchie Österreich-Ungarn gehört hatte, stand jetzt unter faschistischer Diktatur und Zensur: Alles Deutschsprachige wurde verdrängt und schließlich überhaupt verboten, Familien- und Ortsnamen wurden italianisiert, Tausende von italienischen Arbeitern vor allem in Bozen, aber auch in anderen Städten angesiedelt.

Doch die Faschisten kurbelten auch den Tourismus wieder an, sie setzten Volkszüge ein und veranstalteten unter der Regie des faschistischen Staatsapparates Ausflüge und Kurzreisen. In der Zwischenkriegszeit etablierte sich außerdem eine neue Art des Fremdenverkehrs, der Bergtourismus. Die heroische Bezwingung von Berggipfeln hatte auch im Film Konjunktur, man denke an die überaus erfolgreichen Bergfilme von Luis Trenker, einem Grödner Bergsteiger, Schauspieler, Regisseur und Schriftsteller, der 1921 als Bergführer zum Film kam und dann doch die Hauptrolle übernahm, schnell Erfolg hatte und einige Jahre später vom NS-Regime hochgelobt wurde; Adolf Hitler persönlich soll ein Bewunderer Trenkers gewesen sein. Diese Bergfilme weckten bei den Massen die Begeisterung für das Gebirge.

Die 1930er-Jahre brachten einen gewissen wirtschaftlichen Aufschwung mit sich, der sich allerdings nicht stabilisieren konnte: Bald gab es wieder Krieg. Am 1. September 1939 griff Hitlers Armee Polen an. Zeitgleich stand Südtirol unter einem Druck der besonders perfiden Art: Das am 21. Oktober 1939 zwischen Hitler und Mussolini abgeschlossene Optionsabkommen sah vor, dass sich die Südtiroler Bevölkerung zu entscheiden hatte: entweder im Land bleiben und endgültig italianisiert werden – oder für das Deutsche Reich optieren und auswandern. Der Willkür zweier Diktaturen ausgesetzt, mussten die Südtiroler ihre Entscheidung innerhalb von zwei Monaten treffen: Achtzig Prozent optierten für Deutschland, 75.000 Personen wanderten tatsächlich aus – mit allen Konsequenzen für das eigene Leben und die Südtiroler Gesellschaft.

Das Thema Option betrifft nach wie vor viele Südtiroler Familien, die da wie dort verstreut sind, es hat in Südtirol bis heute großes Gewicht und wurde in seinen unterschiedlichen Facetten von Historikern ausgeleuchtet und bewertet. Auch die belletristische Literatur hat sich des Themas angenommen: Der 1935 in Meran geborene Schriftsteller Joseph Zoderer, der sich in seinen Romanen mehrfach mit den interethnischen Konflikten in Südtirol auseinandergesetzt hat, erzählt in *Wir gingen/Ce n'andammo* die Auswanderungsgeschichte seiner Familie. Der Nordtiroler Bernd Schuchter setzt sich in seinem

Roman *Föhntage* mit der Geschichte einer Südtiroler Optantenfamilie in Innsbruck auseinander. Der Frage, wie historische Zäsuren und gesellschaftliche Krisen auf das Leben jener wirken, die nicht zu den Besitzenden und Mächtigen gehören, deren Aktionsradius eingeschränkt ist und die somit rascher als andere zu Opfern der Verhältnisse werden, geht das Buch *Rabenmutterland* nach, verfasst von der 1961 in Meran geborenen Historikerin Elisabeth Malleier. Dieses Buch stellt die Geschichte betroffener Frauen in den Vordergrund: Die Autorin rekonstruiert die Geschichte ihrer beiden Großmütter, die allein bzw. mit ihren Kindern für die Option votiert hatten und, unabhängig voneinander, nach Österreich kamen und schwerwiegenden Zwängen ausgesetzt waren. Das Buch zeigt eindrücklich, wie sich traumatische Erfahrungen bis in die dritte Generation fortsetzen können.

Meran wurde auch im Zweiten Weltkrieg zur Lazarettstadt.[12] Fast das gesamte Personal, das in den Hotels (noch) seinen Arbeitsplatz hatte, wurde in den Lazaretten eingesetzt. Nicht nur das: Viele Hotels wurden überhaupt umfunktioniert: Sie brachten nicht mehr betuchte Touristen, sondern Kranke und Kriegsverwundete unter. Obwohl die Stadt nicht bombardiert wurde, erfuhr sie in den Kriegsjahren einen erneuten Niedergang und musste nach 1945 wieder ganz neu anfangen. Der Bruch in der Gesellschaft aber ist bis heute nicht ganz verheilt – der italienische Faschismus und die Option haben in Südtirol Narben hinterlassen.

---

12 Zur Tourismusgeschichte siehe die Website des Touriseum im Schloss Trauttmansdorff: http://www.touriseum.it/de/rundgang

Siamo in Italia – ober miar reden daitsch

Stare insieme è un' arte bedeutet: Zusammenleben ist eine Kunst. Dieser Satz titelt ein Buch, das nur in italienischer Sprache vorliegt: Die beiden Autoren – Lucio Giudiceandrea ist in Brixen geboren, Aldo Mazza lebt seit 1972 in Meran – setzen sich mit den Bedingungen des Zusammenlebens der drei ethnischen Gruppen Südtirols auseinander und analysieren, wo die Hindernisse liegen und wie sie beseitigt werden könnten.

Im Grunde ist Vielfalt überall auf der Erde die Regel, Uniformität hingegen die Ausnahme oder künstlich hergestellt. In Tirol gab es zu keiner Zeit nur deutsche Tiroler, hier lebten immer schon Italiener, hier gab es auch Minderheiten wie etwa die nomadisierenden Jenischen, die in Tirol *Karrner* (dialektal *Korrnr* für *Karrenzieher*) genannt werden. Warum ist es also so schwierig, Diversität zu leben? Warum können verschiedene Sprachen, Religionen und Traditionen, wenn überhaupt, nur schlecht und recht zusammenleben? *Stare insieme è un' arte* geht davon aus, dass das Zusammenleben von Personen verschiedener Sprache und Kultur keine natürliche Bedingung, sondern eine Kunst ist, die es zu lernen gilt. Ein kluger Ansatz, wie ich finde.

Mit Harry Reich (links) und Gigi Bortoli (Mitte) im Cafè Imperial in der Freiheitsstraße.

Anders als die gelebte Realität, nämlich die Trennung der Südtiroler Volksgruppen, die ja auf der Basis von Gesetzen des Autonomiestatuts und einer straffen Proporzpolitik vorgeschrieben war und ist, geht es Mazza und Giudiceandrea um ein mögliches Modell echter Konvivenz, in denen Gemeinschaften und Identitäten einander nicht bekämpfen, ja nicht einmal konkurrieren. Kampf hat es in der Geschichte der Region genug gegeben – man denke nur an die sogenannte Bumserzeit in den frühen 1960er-Jahren, als fanatisierte Südtiroler Männer Strommasten und italienische Denkmäler in die Luft sprengten, wobei insgesamt vierzehn italienische Sicherheitskräfte ums Leben kamen. Von den einen als Widerstandskämpfe gesehen, von den anderen als Verbrechen bezeichnet, haben diese Terrorakte das Land einmal mehr gespalten und die Kluft zwischen deutscher und italienischer Volksgruppe nur vergrößert. In seinem sensiblen Roman *Wundränder* hat der in Meran lebende Schriftsteller Sepp Mall das Thema aus der Sicht eines Kindes gestaltet – eines Kindes, dessen Vater im Verborgenen zu den Attentätern gehört hat und eines Tages – für das Kind unerwartet und unverständlich – im Gefängnis verschwindet.

Es gebe in Südtirol keine Konvivenz, schreibt der Meraner Autor Alessandro Banda in seinem Buch *Due mondi, e io vengo dall'altro*, es gebe allenfalls Koexistenz. Die einmal bestehende Vorstellung, Südtirol könne als Laboratorium für ein zukünftiges Europa gelten, sei mehr oder weniger gescheitert und die italienischen Südtiroler würden eine paradoxe Minderheit in Italien darstellen.

Grund dafür ist das Autonomiepaket, das 1971 zum Schutz der deutschsprachigen Minderheit in Italien ausgehandelt wurde und neben vielen anderen Regelungen den ethnischen Proporz vorsieht: Die Vergabe von Arbeitsplätzen im öffentlichen Dienst, die Verteilung von öffentlichen Sozialleistungen und von Budgetmitteln der regionalen Landesverwaltung kommt entsprechend der zahlenmäßigen Stärke der Volksgruppen zur Anwendung. Kurz gesagt: Wenn hundert Posten ausgeschrieben werden – das kann Ärzte, Postbeamte oder Lehrer betreffen –, dann gehen davon siebzig an Angehörige der deutschen Volksgruppe, unabhängig davon, wie es mit den Qualifikationen aussieht.

Die tradierte Volksgruppenzugehörigkeit, die eine Doppelzugehörigkeit nicht vorsieht, ist aus mehreren Gründen problematisch. Zum einen hat die Realität diese Zuschreibung, die seit 1981 alle zehn Jahre wiederholt werden muss, vielfach überholt. So gibt es Kinder aus Mischehen, die sich zur deutschen Volksgruppe bekennen, um die Vorteile des Systems genießen zu können. Dazu kommt, dass es längst nicht mehr nur drei Volksgruppen im Land gibt, eine vierte Gruppe wächst, die Migrantinnen und Migranten – Chinesen, Afrikaner, Araber und andere Ethnien sind Teil Südtirols und gehören auch in Meran längst zum Stadtbild. Welche Rechte haben sie? Der wichtigste Grund ist aber, dass mit dem Volksgruppendenken stets die Trennung zwischen dem „wir" und dem „anderen" aufrecht gehalten wird. Die Einzelperson tritt vor der Gruppe in den Hintergrund und das hat Folgen.

Dass sich in den letzten Jahren auf der Ebene der Schule einiges getan hat, erfahre ich von der Meranerin Laura Mautone, die an einer italienischen Oberschule Italienisch und Englisch unterrichtet sowie als freie Autorin und Publizistin arbeitet. Meran, sagt sie, leidet daran, dass die junge Generation vielfach wegzieht, um zu studieren oder einfach Erfahrungen zu sammeln, und dass nur etwa 50 Prozent von ihnen wieder zurückkehren. Für sie war es eine bewusste Wahl, in Meran zu bleiben, was hauptsächlich mit interessanten Projekten an der Schule zu tun hatte. Sie ist Teil eines Projektes, das Schülerinnen und Schülern ermöglicht, eine Schulstufe in einer vergleichbaren Schule der jeweils anderen Sprache zu absolvieren. Man hat festgestellt, dass sich die teilnehmenden Schüler enorm entwickeln; am Ende des Jahres entscheiden sie selbst, ob sie in ihre alte Schule zurückkehren oder da, wo sie sind, maturieren wollen. Lehrerinnen und Lehrer unterstützen diese Prozesse und die begleitenden Schulprojekte.

Laura betont, dass in der Underground-Kultur die Trennung zwischen den ethnischen Gruppen kaum spürbar sei, im *Theater in der Altstadt*, im *ost west club* oder bei alternativen Festivals, wie sie in Meran ja häufig stattfinden, vermischt sich alles auf recht gedeihliche Art und Weise. Auf der Ebene der Kultur gebe es überhaupt weit weniger Mauern als in der Politik, und das gelte sogar für die Literatur, die ja sprachgebunden ist. Und es gibt seit Längerem gezielte Bestrebungen, die Trennung zu überwinden: Der Verlag *Edizioni Alpha Beta* – in Meran am Sandplatz 2 vertreten – positioniert sich nicht nur durch Doppelsprachigkeit, sondern auch durch ambitionierte Regionalliteratur, die sich abseits von Trends wichtiger gesellschaftlicher Themen annimmt. Wie man sich vorstellen kann, ist das kein sehr einträgliches Geschäft. Der von Aldo Mazza geleitete Verlag kann denn auch nur durch ein zweites, einträglicheres Standbein überleben: die Sprachenschule *alpha beta piccadilly* in Bozen (genauer: in der Talfergasse 1A). Beide – Verlag und Schule – verfolgen das Ziel, einen sensibilisierten Umgang mit der jeweils anderen Sprachgruppe zu begünstigen.

Seit einigen Jahren rückt auch in Meran die Konvivenz mit und die Integration von Flüchtlingen im gesellschaftlichen Leben ins Zentrum. Es sind hier Caritas und der Verein *Volontarius*, die sich um ein möglichst gutes Zusammenleben bemühen. Die offizielle Flüchtlingsunterkunft in Bahnhofsnähe, in der 75 junge Männer aus Afrika, Pakistan oder Bangladesch untergebracht sind, wird von Volontarius organisiert – die Struktur arbeitet gut, Probleme sind nicht bekannt. Die Caritas wird (jeweils zur Hälfte!) von Co-Direktoren beider Sprachgruppen geleitet, von Paolo Valente, einem Schriftsteller (der jetzt wohl kaum noch Zeit zu schreiben hat), und Franz Kripp. Auch sie kümmern sich in Zeiten wie diesen vornehmlich um Flüchtlinge, und das nicht ohne Fantasie. *RemiXmenu* nennt sich zum Beispiel eine dreitägige Veranstaltung, die in Zusammenarbeit mit der Gemeinde Meran, dem Kunstverein Kallmünz und dem Verein *Turandot* seit vier Jahren jeweils im Mai im Garten von Schloss Kallmünz über die Bühne geht. Dieses interkulturelle Fest will die Küche

Multikulturelles Kochgelage im Garten von Schloss Kallmünz: das RemiXmenu-Fest

der in Meran vertretenen Kulturen zusammenbringen, die Speisen werden vor Ort zubereitet – italienische und Tiroler Küche genauso wie indische und pakistanische sowie Küche aus afrikanischen Ländern. RemiXmenu ist ein sympathisches Fest der Sinne, das auf jeden Fall eines tut: gute Laune verbreiten.

Auch Schulprojekte wie die der Meraner Künstlerin und Kunsterzieherin Elisabeth Hölzl leisten einen Beitrag: Gemeinsam mit ihren Schülern lud sie zuletzt in Meran untergebrachte Flüchtlinge ein und zeichnete mit ihnen auf einem riesigen weißen Tuch die Landkarte von Afrika und Europa auf. Die jungen Männer wurden gebeten, von ihrer Reise zu erzählen. Während sie ihre Erfahrungen schilderten, stickten alle gemeinsam und mit verschiedenfarbigen Garnen die jeweilige Route in die Landkarte. Das Tuch wurde nach Abschluss dieses wochenlang dauernden Prozesses, bei dem die Jugendlichen beider Seiten weit mehr gelernt hatten, als es im herkömmlichen Unterricht je möglich gewesen wäre, in der *ES gallery* ausgestellt. Die Ausstellung hätte ich gern gesehen, habe sie aber um einen Tag verpasst; das zusammengelegte Tuch, das auf seine Abholung wartete, war vor der Tür bereit, und obendrauf lag eine Botschaft.

Zusammengelegt und zur Abholung bereit: Tuch mit eingestickten Fluchtwegen

Das Thema Flüchtlinge beschäftigt mich; ich habe gehört, dass es in Lana eine diesbezüglich sehr engagierte Frau gibt, und rufe sie an: Isabelle Hansen und ihre Familie haben den Senegalesen Ousman bei sich aufgenommen und leben fröhlich mit ihm unter einem Dach. Die Politikwissenschaftlerin, die als Journalistin bei den *Dolomiten* tätig ist, arbeitet ehrenamtlich in einer Flüchtlingsunterkunft in Prissian. Nimmt man Kontakt mit Flüchtlingen auf, sagt sie, so merkt man gleich, dass schon das Wort „Flüchtlinge" die Menschen zu sehr auf diesen Status reduziert. Wir nehmen oft nicht wahr, dass sie genauso vielschichtig sind wie wir selbst, dass wir es also mit Personen zu tun haben, die Familie und eine Vergangenheit, die Talente und Sorgen haben. Beim Thema Flucht sehen wir oft nur Grenzen, Schlauchboote, die Balkanroute vor uns, wir sehen eine amorphe Menge, nicht aber Menschen mit unterschiedlichen Charakteren und Eigenschaften. Isabelle ist überzeugt davon, dass es zuallererst darum geht, den Menschen, die zu uns kommen, ein Gesicht zu geben. Zweitens: Wir tun gut daran, uns sehr genau über die Fluchtgründe auch von sogenannten Wirtschaftsflüchtlingen zu informieren, denn nur auf dieser Basis können wir den betroffenen Menschen offen begegnen. Die dritte Botschaft ist: Ohne das persönliche Engagement von uns Einheimischen wird die Integration der Flüchtlinge nicht funktionieren, sie müssen früher arbeiten dürfen und besser betreut werden. Wenn nur jeder zehnte erwachsene Südtiroler einem von diesen Menschen zur Seite stünde, ihm helfen würde, die Landessprache wirklich zu erlernen, ihm Kontakte verschaffen würde, damit er Freunde finden und vielleicht ein Netzwerk knüpfen kann, oder ihm eine einfache Arbeit geben würde, damit er auf die eigenen Füße kommt, wäre das sogenannte Flüchtlingsproblem zu lösen. Reine Utopie? Eine idealistische Vorstellung?

Isabelle Hansen fragt sich das nicht, sie handelt. Und findet, dass sie einen Gewinn daraus zieht: Sie hat gelernt, ihr gutes Leben jeden Tag aufs Neue zu schätzen; dass sie etwas tun und bewirken kann, vertreibt die Ohnmacht und macht zuversichtlich. Sie leitet das Projekt *book a cook*[13] mit dem Ziel, afrikanische Flüchtlinge mit Südtirolern an einen Tisch zu bringen: Eine Familie oder ein Freundeskreis kann bei ihr afrikanisches Essen bestellen, vegan oder vegetarisch, mit Fleischspeisen, scharf oder mild. Sie bespricht mit ihren Köchen, was eingekauft und gekocht wird. Sie überwacht alles, kommt mit den Köchen in die Privatwohnung, die Speisen werden zubereitet und gemeinsam mit den Gastgebern verzehrt. So lernt man einander kennen, und die Südtiroler sind oft erstaunt, wie gut diese Männer kochen können und wie viel Interessantes sie von ihrer Kultur erzählen. Bezahlt wird der Einkauf, die Arbeit wird auf Spendenbasis honoriert. Anschließend wird alles picobello aufgeräumt.

Gemeinsam mit einem energischen Team und mit Hilfe von Spenden aus privater und öffentlicher Hand hat Isabelle Hansen in einer ehemaligen Pizzeria in der Petrarcastraße 9 nun ein weiteres Sozialprojekt für afrikanische MitbürgerInnen eröffnet: Im Restaurant AFRICAN SOUL werden afrikanische Gerichte serviert – es ist ein Ort für Menschen, die gern etwas Neues ausprobieren und einen Beitrag zur Lösung der Krise beitragen wollen.

---

13 book a cook: https://facebook.com/empezamos/?fref=ts
Bestellungen auch über: isaguido@alice.it

KRÄUTERKNÖDEL

Zutaten (für 4 Personen)

ca. 50 g frische Kräuter und Gemüse (Petersilie, Schnittlauch, Basilikum, Thymian, Porree, Stangensellerie und Liebstöckl)
200 g Weißbrot vom Vortag
50 ml Milch
1 mittelgroße Zwiebel
1 EL Sonnenblumenöl
2 Eier
Salz
schwarzer Pfeffer

Zum Garnieren:
2 EL geriebener Parmesan
2 EL zerlassene Butter
2 EL Schnittlauchröllchen oder Thymianblättchen

Zubereitung

Kräuter waschen und klein schneiden. Weißbrot in kleine Würfel schneiden, in eine Schüssel geben und mit Milch anfeuchten. Die Zwiebel klein schneiden und im heißen Öl anschwitzen. Die Zwiebel zusammen mit Kräutern, Eiern, Salz und Pfeffer zum Weißbrot geben. Alles gut vermischen und zu einem nicht zu festen Teig kneten. Den Knödelteig zugedeckt 15–30 Min. ruhen lassen, dann aus der Masse mit der Hand acht Knödel formen und in reichlich Salzwasser bei mittlerer Hitze ca. 20 Min. sieden lassen. Anrichten, mit Parmesan bestreuen, mit brauner Butter übergießen und mit Schnittlauch/Thymian garnieren.

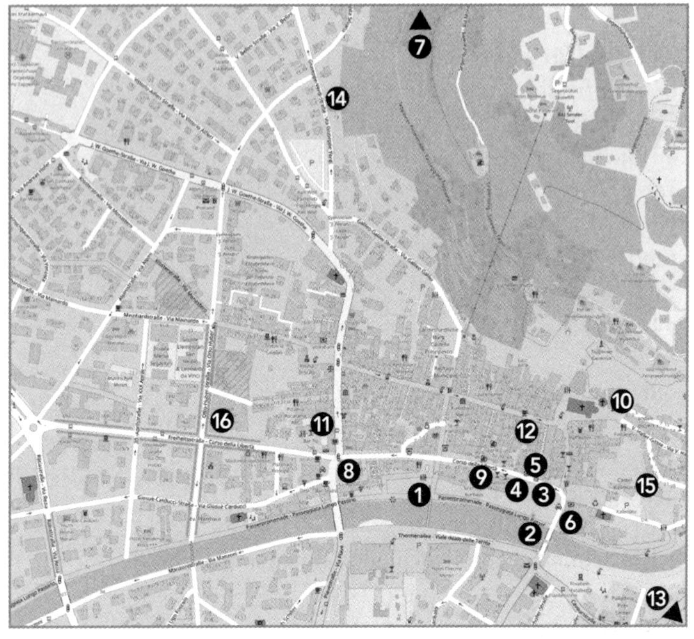

1 *Kurpromenade*
2 *Postbrücke*
3 *Piccolo Bar*
4 *Bar Rossini*
5 *Wunderbar*
6 *Schmuckdesign Frühauf*
7 *Brunnenburg*
8 *Stadttheater Meran / Teatro Puccini*
9 *Theater i. d. Altstadt*
10 *Nikolaussaal*
11 *Stadtbibliothek*
12 *ES gallery / Altes Gerichtsgebäude*
13 *Schloss Pienzenau*
14 *Hotel Ottmanngut*
15 *Ansitz Kallmünz*
16 *Hotel Bellevue*

Vielstimmige Szene in einer offenen Stadt

Ein gutes Pflaster für die Kunst

Kunst und Kultur zwischen Lana und Meran? Die Szene zeichnet sich durch Vielstimmigkeit aus, Traditionelles und Hochkulturelles findet sich neben Allerneuestem und Alternativem: Von *Lyrikpreis Meran* bis *Rock the Lahn*, von *meranOjazz* bis zu *südtirol festival – merano.meran*, von *Kunst Meran* bis zu *Eurocenter Lana*, von *Literatur Lana* bis *Literaturherbst Meran*, von *Music Aid for Emergency* bis zu *Transart Festival*, von *Asfaltart* bis zum Skulpturenprojekt *MenschenBilder*, vom *Theater in der Altstadt* bis zur *Zenoburg*, von *ES gallery* bis *ost west club*, von *Filmwerkstatt* bis *Fotoclub* und *Photonights* etc. – Kunstmeilen, Musikevents, Literaturereignisse, Mediengeschichten, Diskussionsrunden und nicht zuletzt Werkstätten für neue Ideen gibt es zwischen Lana und Meran sehr zahlreich, und da sind die Programme des Meraner Stadttheaters (*Teatro Puccini*), des Kurhauses Meran, des Schlosses Tirol und anderer Veranstaltungsorte noch gar nicht mitgedacht. Allein auf dem Gebiet der Musik ist Meran so lebendig und qualitativ hochstehend, wie sonst nur eine Großstadt es sein kann: Das *südtirol festival – merano.meran,* früher Meraner Musikwochen, ist ein Musikfest von Weltrang, *Musik Meran* arbeitet ausgezeichnet und zieht Musikliebhaber der ganzen Region an, die *Konzerte für*

Ein fabelhafter Ort für allerlei: Kunstausstellungen, Flohmärkte, Tangosessions...

Alte Musik auf Schloss Tirol gehören zu den schönsten Events nicht nur der Stadt, sondern in ganz Südtirol, *meranOjazz*, organisiert von Ewald Kontschieder, bietet jeden Sommer unter Beteiligung international besetzter Ensembles und Gruppen einen Ohrenschmaus der besonderen Art, und schließlich sind die Freiluftkonzerte in den Gärten von Schloss Trauttmansdorff ebenso beliebt wie hochkarätig besetzt.

Wer ein paar Tage in Meran verbringen will, der liest sich am besten (im Netz) schon vor Reiseantritt quer durch die Programme für Musik, bildende Kunst, Kleinkunst oder Literatur: So kann man das, was einem zusagt, tatsächlich genießen. Sicher ist jedenfalls eines: Nur wenn man sich neben der etablierten Kultur auch auf die nicht institutionalisierte Kunst- und Kulturszene einlässt, wird man diese Stadt erst richtig kennenlernen.

Ergänzung und Alternative zu Kurhaus und Stadttheater: Rudi Ladurner und das Theater in der Altstadt

Tirol ist ein Theaterland, sagt man. Auch in Meran wird seit gut fünf Jahrhunderten Theater gespielt, zunächst in allen Bevölkerungsschichten. Spielleute und höfische Maskeraden, Bänkelsänger-Traditionen, Ritterspiele oder frühes Bauerntheater, kirchliche Spiele oder Kindertheater – auf den Brettern, die die Welt bedeuten, wurde seit jeher Leben dargestellt und gefeiert, kritisch durchleuchtet und beeinflusst. Keine Kunstform ist der Gesellschaft so nahe wie das Theater – das im besten Fall aus der Mitte der Gesellschaft heraus agiert und auf die Gesellschaft zurückwirkt – und dabei lebendig und flüchtig ist wie kaum eine andere Kunstgattung. Dass in Meran schon seit Jahrhunderten Theater gespielt wird und wie sich das *Stadttheater Meran* am Theaterplatz (gebaut von Architekt Martin Dülfer, eröffnet 1900) von einem erfolgreichen Ensembletheater zu einem Haus, das heute als reiner Gastspielbetrieb arbeitet, entwickelt hat, hat Renate Abram in ihrem Buch *Das Meraner Stadttheater* dargestellt.

Uns interessiert an dieser Stelle ein anderes Stadttheater, das nur ein paar hundert Meter weiter in der Freiheitsstraße gelegen ist: Im ehemaligen Heizraum des Kurhauses (direkt neben dem Eingang zum Kursaal) befindet sich das *Theater in der Altstadt*, das den Begriff „Stadttheater“ ganz bewusst für sich beansprucht: Es macht Theater in der Stadt für die Stadt mit dem Personal der Stadt, mit dem Know-how, dem Wissen und Potenzial der Stadt Meran – nicht mehr und nicht weniger. Es kauft keine auswärtigen Produktionen ein, sondern führt acht bis neun eigene Produktionen im Jahr auf. Das *Theater in der Altstadt (tida)* arbeitet seit 1993, also seit fast fünfundzwanzig Jahren, an diesem Standort. Künstlerisch geleitet wird es von Rudi Ladurner, einem Meraner, der in Wien studiert und mit Koryphäen wie Franco Enriquez gearbeitet hat, ein leidenschaftlicher Theatermann und Regisseur, der in die Provinz zurückgekehrt ist, weil er wusste, dass er hier seine Vision von Theater besser umsetzen konnte. Das *tida* ist ein in überschaubarem Raum sehr gut gedeihendes Theater des Wortes, des Intellekts, der Literatur. Ladurner steht nicht in der Tradition des Volkstheaters, er hat auch mit dem Musiktheater nichts am Hut, er sieht sich vielmehr in der Tradition des ambitionierten Autorentheaters. *ZeitTheater* heißt jener Teil des *tida*, dem er vorsteht, daneben gibt es unter demselben Dach und in engster Zusammenarbeit noch *Phenomena*, eine Frauentheatergruppe, und das *Theater in der Klemme*, eine Kindertheatertruppe. Alle drei erfreuen sich in Meran großer Beliebtheit, sie arbeiten so intensiv, dass Ladurner sich aktuell gerade in einer Nachdenkphase befindet: Nach zweieinhalb Jahrzehnten Theaterbetrieb möchte er sich nur noch Herzensprojekten widmen: Für ihn sind die Theatertexte und der Schauspieler das Wichtigste, sie sind das, was das Theater ausmacht, was es vom Kino unterscheidet.

Ich besuche Rudi Ladurner an einem Proben-Mittag in seinem Theater und habe die Gelegenheit, eine Stunde lang mit ihm zu plaudern. Rechts vom Eingang in den Bühnenraum hängt ein Porträtplakat von Franco Marini, dem viel zu früh

Tür an Tür mit dem Ticketbüro des Kurhauses: das beliebte Theater in der Altstadt

verstorbenen, fast schon zum Mythos gewordenen Meraner Theatermacher der ersten Stunde. Von Rudi Ladurner will ich mehr über seine frühe Zusammenarbeit mit Marini und dessen drei Brüdern Hans, Viktor und Raimund, alle drei Schauspieler wie er selbst, erfahren. Marini war einer der wichtigsten Impulsgeber für das Theater im Südtirol der 1970er-Jahre, eine zentrale Figur für die damalige Szene, wichtig auch für Ladurner unmittelbar nach seiner Rückkehr aus Wien. Marini betrieb einst die *Meraner Volksbühne*, aus der alle späteren Theatergruppierungen der Stadt hervorgegangen sind, auch das mit dem linken *Südtiroler Kulturzentrum* im Zusammenhang stehende *Theater in der Klemme*, damals noch anders ausgerichtet, auf Neues und Experimentelles nämlich. Spielstätte war damals der Nikolaussaal der Diözese am Oberen Stadtplatz im Steinachviertel. Noch als Studentenvertreter in Wien hat Ladurner Marini mit seiner sehr bekannt gewordenen Produktion *Tirol 1525 – Szenen aus dem Bauernkrieg*, einem radikal gesellschaftskritischen Stück, nach Wien geholt.

Nach Beendigung seines Studiums arbeitete Ladurner am Burgtheater u. a. mit Achim Benning, der von 1976 bis 1986 Direktor des Burgtheaters war; auch am Stadttheater Klagenfurt war er tätig, dort hat er den Tiroler Dramatiker Felix Mitterer kennengelernt. Der ältere Schauspieler Siegmar Bergelt regte bei Mitterer ein Stück zum Thema Sterben und Sterbehilfe an – entstanden ist *Sibirien*, eines der bekanntesten Stücke Mitterers. 1990 brachte Ladurner im Rahmen der Tiroler Volksschauspiele Telfs Felix Mitterers *Munde* auf dem Gipfel eines Tiroler Berges, der Hohen Munde, zur Aufführung. So viel Theaterarbeit also schon zu einer Zeit, als das *tida* noch nicht existierte.

Doch irgendwann stellte sich die Frage nach einem Ort zum ganz eigenständigen Arbeiten. Ladurner beschloss, es in seiner Heimatstadt Meran zu versuchen, und begann gleich nach seiner Rückkehr aus Wien professionelle Theaterstrukturen aufzubauen. Im Kontakt mit Marini und anderen Gleichgesinnten wurde Anfang 1990 im Nikolaussaal das *Theater in der Altstadt* gegründet. Noch arbeitete er fallweise auswärts, doch der Nikolaussaal war damals gegen Miete bereits zur ständigen Spielstätte geworden. Erst als die Diözese den Saal wieder für eigene Zwecke nutzen wollte, kam es zur Übersiedlung: Der Heizraum des Kurhauses war aus Sicherheitsgründen aufgelassen worden, der Standort und die Größe der Räumlichkeiten war ideal: Man legte selbst Hand an, baute und werkelte am zukünftigen Bühnenraum und eröffnete 1993. Das *tida* wurde als Amphitheater gestaltet, es hat die richtige Größe für Meran, nämlich 120 Sitzplätze, außerdem ein kleines Foyer, in dem ebenfalls gespielt werden kann. Franco Marini ist mit seinem *Theater in der Klemme* mit übersiedelt, nach seinem Tod hat sich seine Truppe auf Kindertheater spezialisiert.

Heute hat das „eigentliche" neben dem „offiziellen" Stadttheater viele Freunde, nicht nur in Meran und Südtirol, sondern im ganzen deutschen Sprachraum. Ladurner hat über die Jahre seine alten Kontakte in Österreich weiterhin gepflegt, so etwa mit dem Mann, der für die Werbelinie des *tida* sorgt: Peter Karlhuber, bildender Künstler, Maler und Ausstellungsgestalter aus Wien liefert von Anfang an für jede Theaterproduktion

Trefflich illustriert von Peter Karlhuber: Auf Messers Schneide, ein Kabinettstück für zwei Frauen von Erika Wimmer, 2003 inszeniert von Rudi Ladurner

ein eigens gemaltes Plakat. Mit diesen Auftragswerken drückt Karlhuber Jahr für Jahr der Außenwirkung des Theaters seinen ganz eigenen Stempel auf:[14] Seine Plakate sind farbenfroh und höchst ironisch, für jedermann verstehbar und doch hintergründig, manchmal geheimnisvoll, oft sehr witzig und in jedem Fall originell. In über zwanzig Jahren, erzählt Ladurner, habe er noch kein einziges von Karlhubers Plakaten abgelehnt, nur ein einziges Mal habe er aus Rücksicht auf prüde Zeitgenossen den Künstler gebeten, einer nackten Männerfigur eine Unterhose zu malen. Die Originale werden übrigens mit dem Auftrag des *tida* zugleich erworben, womit das Theater eine erkleckliche Karlhuber-Sammlung ihr Eigentum nennt. Der Künstler hat sich im Übrigen seit geraumer Zeit auf Literaturausstellungen spezialisiert, hat etwa eine Thomas-Bernhard-Ausstellung und eine Stefan-Zweig Ausstellung erarbeitet; die Malerei pflegt er nur noch für das *Theater in der Altstadt* in Meran.

---

14 *Barbara Lun: Peter Karlhubers Plakate für das Meraner Theater in der Altstadt. Graphische Interpretationen zu Büchner, Demetz, Nestroy, Schnitzler und Strindberg. Diplomarbeit. Innsbruck 1999. Siehe auch: http://peterkarlhuber.com/karlhuber-2016-1.html*

Anregende Literaturszene: Kinder-Künstlerbuch-Archiv Ópla, Lyrikpreis Meran, Literatur Lana

Am Rennweg, einer Querstraße zur Freiheitsstraße, liegt die Stadtbibliothek Meran, und wer gern mit seinen Kindern liest oder sich für besondere Projekte im Bereich Literatur interessiert, der schaut am besten dort im Kinder-Künstlerbuch-Archiv Ópla vorbei. Ein Projekt, das Kinderbüchern gewidmet ist, verfolgt mit Sicherheit besondere pädagogische Ziele, möchte man meinen. Im Ópla aber wird das Kinderbuch auch als Kunstobjekt gesehen, und das ist nun wirklich interessant. Wir alle erinnern uns an das eine oder andere wunderschöne Buch, das wir als Kinder nicht geschont, das wir einfach gebraucht und zerlesen haben; intensiver Gebrauch macht ein Buch aus meiner Sicht irgendwie noch schöner und wertvoller. Im Ópla wird das Augenmerk auf die besonders qualitativ gestalteten Lieblingsbücher gelegt, also auf jene künstlerische Arbeit, die Kindern gewidmet war. Die geistige Verwandtschaft des Kindes mit den Künstlern ist durch diese Art von Büchern spürbar. Und so hat es sich Ópla zur Aufgabe gemacht, nach wertvollen Kinderbüchern der Vergangenheit zu suchen und sie zu sammeln – damit sie entweder erforscht oder einfach wieder in den Kommunikationsfluss gebracht werden können. Ziel von Ópla ist es, den Zugang zur Sammlung zu ermöglichen und das Interesse für diesen Bereich zu fördern – wie das Archiv aber genutzt wird, bleibt jedem selbst überlassen.

Und wenn man schon einmal in der Stadtbibliothek ist, so leiht man sich vor dem Hinausgehen am besten auch gleich Bücher über Meran – Anregungen dazu finden sich in der Literaturliste im Anhang – oder Werke heimischer Autoren aus, denn: Will man etwas über einen Ort erfahren, so sollte man seine Literatur befragen. Meran und Umgebung hat genügend SchriftstellerInnen von Rang hervorgebracht, zu den bekannteren gehören neben dem bereits erwähnten Joseph Zoderer auch Sabine Gruber und Sepp Mall. Gruber kommt aus Lana und lebt in Wien, sie ist mit ihren anspruchsvollen Romanen, die zuletzt beim deutschen Verlag C. H. Beck erschienen sind und immer wieder auch von Menschen aus Südtirol erzählen, international bekannt geworden. Und der – auch schon erwähnte – Lyriker und Prosaist Sepp Mall erfasst die Wirklichkeit mit dem Blick und der Sprache des Poeten, knapp und eindringlich. Über Merans Geschichtsversessenheit schrieb er in seinem Gedicht *60 Zeiln für eine Stadt*: „[…] Nächste Woche kommt Kafka, direkt aus Prag. / Lungenkranke aller Länder, vereinigt euch. / Nutzlos die Versuche, in der Gegenwart zu redn. / Die Fremdenführer erzählen nichts als von Toten […].“[15]

1996 reichte Sepp Mall beim dritten Lyrikpreis Meran ein und erhielt prompt die begehrte Auszeichnung, was seinen Bekanntheitsgrad sofort steigerte. Der international geachtete Lyrikpreis wird alle zwei Jahre vom Südtiroler Künstlerbund, Sparte Literatur, und vom Verein der Bücherwürmer Lana (auch Literatur Lana) ausgeschrieben und von der Südtiroler

---

15 *Zitiert nach: Harry Reich. Meran/o Face to Face. Hg. v. Toni Colleselli, Sonja Steger. Meran: Ed. Alpha Beta 2013, 26 f.*

Jedes zweite Jahr ein literarischer Fixpunkt: der Lyrikpreis Meran

Landesregierung gestiftet. Lyriker aus dem ganzen deutschen Sprachraum beteiligen sich an der Ausschreibung, die Vergabe findet jeweils Anfang Mai im *Pavillon des Fleurs* im Kurhaus statt (Eintritt frei). Die in die nähere Auswahl gekommenen Autoren und etliche Medienvertreter aus Österreich, der Schweiz und Deutschland reisen an, um mehrere Tage lang den Lesungen der Gedichte und den öffentlichen Jurydiskussionen zu folgen. Lyrik im Gespräch – das scheint etwas für ein erlesenes Publikum von Liebhabern oder Kennern von Poesie zu sein, doch auch wenn man nicht von der Literatur kommt, kann ein Besuch im *Pavillon des Fleurs* zu Zeiten des Lyrikpreises bezaubern: Man trete ein und lasse sich von wechselnden poetischen Handschriften überraschen. Auf der Website lyrikpreis-meran.org finden sich jeweils alle relevanten Informationen.

Poesie auf hohem Niveau vermitteln, das ist das ganze Jahr hindurch erklärtes Ziel von *Literatur Lana* (literaturlana.com). Die Literaturinstitution wurde 1980 gegründet und hat in diesen bald vierzig Jahren zahlreiche namhafte Schriftsteller und Dichter zu Lesungen oder diskursiven Veranstaltungen nach Lana geladen. Seit 1985 finden im Sommer die Literaturtage

Lana statt. Vom Lyriker Oswald Egger mitbegründet, wurden diese Tage als „Hof ins Offene“ bezeichnet, was die Freude am Experiment, an einer neugierigen und nicht in festgelegten Bahnen sich bewegenden Auseinandersetzung mit Autoren und ihren Texten, aber auch mit Vermittlern, Literaturwissenschaftlern oder Übersetzern, signalisiert.

GRAUKAS-SUPPE

Zutaten (für 4 Personen)
1 Zwiebel
1 EL Lauch
2 EL Butter
1 mittelgroße, mehlige Kartoffel
Salz und Pfeffer
50 ml Weißwein
750 ml Gemüsebrühe oder Fleischsuppe
150 g Graukäse
150 ml Sahne
angeröstete Brotwürfel
120 g Graukäse (zerbröselt)
12 Schnittlauchhalme

Zubereitung
Zwiebel und Lauch klein schneiden und in Butter glasig dünsten. Die geschälte und in Würfel geschnittene Kartoffel dazugeben, kurz anrösten, salzen, pfeffern, mit Weißwein ablöschen und mit Gemüsebrühe oder Fleischsuppe aufgießen. Den in kleine Würfel geschnittenen Graukäse dazugeben, sobald die Kartoffelwürfel weich gekocht sind. Das Ganze nochmals kurz aufkochen und mit Sahne pürieren. Die Graukäsesuppe im Teller mit Brotwürfeln, zerbröseltem Graukäse und Schnittlauchhalmen anrichten und servieren.

A bissl anarchisch und schräg: Sonja Steger, Erwin Seppi und Harry Reich – stellvertretend für viele andere Akteure der Kunstszene Merans

Alle Kulturmacher Merans vorzustellen würde den Rahmen dieses Büchleins sprengen. Die hier angeführten Persönlichkeiten stehen für viele andere, die sich – vielfach ehrenamtlich – für die Stadtkultur engagieren. Zum Beispiel Erwin Seppi: Er ist Bankangestellter und betreibt seine *ES gallery* unter den Lauben. Das wäre eigentlich schon Aktivität genug, doch Seppi ist außerdem in sechs Kulturvereinen engagiert und damit einer der derzeit aktivsten Kulturarbeiter Merans. Er ist u. a. bei der *Filmwerkstatt* dabei und betreibt mit Dietmar Gamper, einem Stückeschreiber, Kabarettisten und Schauspieler, das sogenannte Königliche Hoftheater, das die Winterfestspiele Vigiljoch durchführt, die meist nur aus einer Produktion im Jahr bestehen, dafür aber winters im Freien stattfinden. Die Initiative gehört laut Seppi zum Eigenartigsten, was Meran zu bieten hat. So wurde einmal eine *Kälteoper*, ein andermal eine *Tiefschneeoper* gegeben, und das Jahr 2016 ließ man (ausnahmsweise in einer warmen Gaststube) mit einem schaurig-makaberen Musikkabarett ausklingen: Die Lieder und Geschichten rund um Tote und Untote, Leben und Sterben und den ganz normalen Alltag des Leichenbestatters wurden natürlich mit einer gehörigen Portion schwarzen Humors dargeboten.

Erwin Seppi brennt für eine Kunst und Kultur, die von unten gewachsen ist und die, auch wenn sie älter wird, jung bleiben will. Er unterstützt Künstler, die sich noch trauen, ein wenig zu spinnen, die Emotionen leben und ausdrücken – vielleicht ist deshalb für ihn, wie er einmal sagte, Meran Gefühl, nicht Ort. Was aber nicht bedeutet, dass künstlerische Qualität und Seriosität keine Rolle spielen – im Gegenteil.

Ähnlich denkt und agiert Sonja Steger, die in Zusammenarbeit mit vielen anderen Kulturbegeisterten Festivals, Veranstaltungen, Lesungen, Gesprächsrunden und Filmabende organisiert. Ihre unzähligen Aktivitäten und Aktionen sind kaum zu überschauen, sie reichen vom Zeitschriftenmachen zum Schreiben von Artikeln und Werbetexten, vom Entwerfen und Konzipieren zum Organisieren und Moderieren. Wie Erwin Seppi lebt auch Sonja Steger nicht von ihrer kulturellen Tätigkeit, Kunst und Kultur werden zum größten Teil ehrenamtlich ausgeführt. Dabei ist sie, wie Seppi, auch Künstlerin: Er war Kunstfotograf, bevor er in die Kulturarbeit wechselte, sie ist Lyrikerin, die die Literatur zugunsten der Kulturarbeit (vorerst) vernachlässigt – weil es einfach Freude macht, im Geschehen zu sein und gemeinsam mit anderen etwas auf die Beine zu stellen.

Wenn man mit geringen Mitteln arbeite, so Steger, könne man nichts alleine, sondern alles nur im Team schaffen. Beim Festival *Photonights* zum Beispiel, einer von vielen Ideen, die auf Harry Reich zurückgehen, gebe es ein Kernteam von einigen Personen und dazu viele Helfer. Man gehe jeweils von einem Thema aus, das dann – ganz frei – fotografisch umgesetzt wird. Aus der Idee eines Einzelnen werde so ein Projekt von vielen, an dessen Ende der Auftritt in der Öffentlichkeit

Erwin Seppi, einer der aktivsten Kunst- und Kulturvermittler in Meran und Umgebung

stehe. Doch die Öffentlichkeit sei gar nicht das primäre Ziel, der Weg dahin sei mindestens genauso wichtig.

Apropos Harry Reich: Der Maler und Fotograf gestaltet seit Jahrzehnten das nicht konformistische Meraner Kunst- und Kulturleben aktiv mit, er war Ideengeber für vieles, für die Zeitschrift *Vissidarte* – ein Magazin für Kunst und Kultur, das seit 2005 besteht und einmal jährlich von Katharina Hohenstein, Sonja Steger und Andrea Dürr herausgegeben wird – genauso wie für den bestgelegenen Flohmarkt der Welt (in der Wandelhalle bzw. auf der Winterpromenade); die *Poesie-Bänke* auf der Gilfpromenade (unbedingt vorbeischauen und lesen!) gehen ebenso auf ihn zurück wie zahlreiche für Meran unvergessliche Kulturereignisse, darunter: *Die Wahrheit ist mehr als nackt / La verità è più che nuda* (1993), *Notte/Nacht* (1994), *Zeitwandel / Percorrendo i tempi* (1995). Auch bei der Gründung des *ost west club* war der freundliche Zeitgenosse, der stets einen Hut trägt, mit dabei. Heute ist er über sechzig, weshalb seine Freunde und Wegbegleiter ihm ein Erinnerungsbuch mit dem Titel *Meran/o Face to Face* gewidmet haben, in dem einiges über das andere Meran zu erfahren ist.

Rastplätze auf der Gilfpromenade: Bänke mit eingebrannten Versen

Die ganz junge Generation Merans hat den Vorteil, dass von den bewegten 1960ern bis in die 1980er-Jahre und darüber hinaus in puncto Eigenwilligkeit der Boden gut gedüngt wurde. Heute braucht es nicht mehr so viel Mut zum Schwimmen gegen den Strom, denn viele Widerstände wurden schon früher hartnäckig bekämpft und gebrochen. Derartiges erübrigt sich heute. Neben den bestehenden Lokalen und Initiativen, die teilweise von den Jungen weitergeführt und weiterentwickelt werden, sprießt Neues, das sich gar nicht nach Kampf anhört: So gibt es etwa seit einigen Jahren eine *Lindy Hop Comunity* in Meran, die stetig wächst und mit sehr viel Können pure Lebensfreude verbreitet: Lindy Hop ist ein Swing, ein amerikanischer Tanz der 1930er-Jahre – schnell, akrobatisch, fantastisch! Oder: Der Garten von Schloss Pienzenau ist so manches Mal Schauplatz für Musik, Feste und Events, daneben für nachhaltige Gartenkultur: Besay Mayer und Robert Piesch haben von Schlossinhaber Rainer Schölzhorn die Erlaubnis bekommen, im alten Kirschgarten des wunderschönen Anwesens einen Permakultur-Garten anzulegen und zu betreiben: Urban Gardening à la Merano! Und etliche junge Künstlerinnen und Künstler wie zum Beispiel die

Konzept- und Videokünstlerin Linda Jasmin Mayer, geboren 1986 in Meran, bewegen sich sehr souverän auf internationalem Boden. Außerdem hat Meran seit 2005 sein eigenes Rockfestival, *Rock the Lahn*, das immer im Juni auf dem Sportplatz Lahn an der Straße nach Schenna über die Bühne geht.[16]

Schloss Pienzenau ist übrigens nicht nur ein Ort, in dem „kultiviert wird", das Bistro des Hotels ist auch eine Oase der Ruhe und des Genusses. Außergewöhnlich stilvoll ist auch das zentral gelegene Hotel Ottmanngut in der Verdistraße, dessen Orangerie und Veranda nicht nur zum Speisen (z. B. zum Frühstücken) einlädt, sondern auch als Schauplatz für Kammermusik und Lesungen geschätzt ist. Und dann gibt es da noch die Sketch Clublounge des Hotel Aurora direkt an der Kurpromenade, auch *pinker Salon* genannt: Die Cocktailbar gibt sich trendig, stylisch, ein wenig glamourös und bietet einmal pro Woche abendliche Livemusik.

Ein bisschen anarchisch und schräg (Sonja Steger), außerdem seit 1982 Austauschplatz für Meran und den Rest der Welt ist aber zweifellos das schon mehrfach erwähnte rührige und sympathische Kulturlokal *ost west club est ovest,* das sich dank der publizistischen Tätigkeit von Toni Colleselli und Sonja Steger ebenfalls einer Rückschau zwischen zwei Buchdeckeln erfreuen darf: *der ost west club / il est ovest club Meran/o.* Dieses jüngste Buch in einer Serie des Alpha-Beta-Verlags ist einmal mehr ein Geschichtenbuch über Meraner Menschen, die abseits der Pfade einer Fremdenverkehrshochburg ihr Leben auf ganz eigenwillige Weise gestalten, darin der Musik, dem Fabulieren und Performieren, dem Bildermachen und Fotografieren, dem Spielen, Philosophieren und Sinnieren einen sicheren Platz einräumen und damit nicht nur den Austausch, sondern auch den Respekt für andere und die Toleranz für Randständiges fördern. Dafür

16 *Die folgenden Webseiten geben Auskunft: http://suedtirolerzaehlt.com/tag/besay-mayer; http://www.rockthelahn.com*

Sonja Steger, engagierte Kulturarbeiterin und sensible Lyrikerin

spricht allein die Zahl derer, die in Text oder Bild einen Beitrag zu diesen Stadtkultur-Memoiren geleistet haben – es sind über fünfzig Frauen und Männer, einige von ihnen haben auf Italienisch geschrieben, in ihrer Muttersprache. Zweisprachigkeit wird hierzulande eben vorausgesetzt …

Die Räumlichkeiten des *ost west club* in der Passeirergasse sind für das, was von hier ausgeht und ausstrahlt, unfassbar klein. Nicht zuletzt auch wegen der Lärmbelästigung für die Anrainer gibt es eine reale Chance, dass der Club bald in das ehemalige *Bersaglio* übersiedeln wird. Von einer Garage in der Schillerstraße, zum Obstlager in den Lauben und zu einer Art Doppelwohnzimmer in der Passeirergasse weiter bis zum *Bersaglio*: Einen besseren Ort kann man sich für den *ost west club* gar nicht vorstellen!

Kallmünz – Laboratorium für Kunst und Kultur

Wer nach Kallmünz geht, sollte dem Bildhauer Franz Pichler einen Kurzbesuch abstatten – er arbeitet in der ehemaligen *Ansetz*, die sich im Stöcklgebäude von Kallmünz befindet. Es ist jener Raum, in dem früher die Trauben ausgepresst und in Fässern angesetzt wurden, daher der Name. Das Atelier wird von Meinhard Graf Khuen zur Verfügung gestellt – Miete fällt keine an, die Betriebskosten sind gering. Einzige Bedingung: Zwei Mal im Jahr räumt Pichler den Raum, um Ausstellungen, Märkten und anderen Veranstaltungen Platz zu schaffen. Den jährlichen Ostermarkt mit einer Vielzahl handbemalter Ostereier und den von hiesigen und auswärtigen Kunsthandwerkern bestückten Weihnachtsmarkt – beides garantiert kitschfrei – kann man nur wärmstens empfehlen.

Pichler hat sich über die Jahre seine Eigenwilligkeiten bewahrt und ist absolut authentisch geblieben. Er studierte ab 1959 Bildhauerei an der Akademie der bildenden Künste in München, seitdem lebt und arbeitet er abseits von Trends, gesellschaftspolitisch engagiert, oft ironisch, eigensinnig, spielerisch und sehr kraftvoll; dabei schafft er Plastiken, vorwiegend aus Holz mit zusätzlichem Materialmix, Kleinplastiken,

Ob Sonne oder Schatten: Vom Schloss Kallmünz gehen zahlreiche Kulturinitiativen aus.

Grafiken und Collagen, die mit Schrift und Bildklischees spielen, Objekte, sentenzartig und symbolisch. Mit seinem Werk steht er für eine Gruppe von Südtirolern, die in den 1970er-Jahren den Kulturbetrieb aufmischten, ohne allerdings den großen Durchbruch zu schaffen. Was Pichler, wie er sagt, nicht stört, denn große Bekanntheit hat ihre Schattenseiten: Sie bringt nicht nur Glück, sondern auch Druck und Stress mit sich, und dem hat er sich, nicht zuletzt aus familiären Gründen, immer entzogen.

Nur ein paar Schritte entfernt begegne ich in der hauseigenen Bierausschank dem Hausherrn Meinhard Khuen, der das Meraner Kulturleben aktiv mitgestaltet. Von ihm, dem gar nicht gräflich auftretenden Grafen, lasse ich mir erzählen, was hier so alles läuft, wobei ich schon im Vorfeld erfahren habe, dass mehrere Initiativen direkt von ihm und seiner Frau, einer Wiener Schauspielerin, ausgehen. Denn die beiden öffnen seit vielen Jahren das großzügige Gartengelände ihres Ansitzes: Als Präsident des Steinach-Komitees initiiert Khuen das jährliche Stadtviertelfest, und was läge dabei näher, als das eigene Gartentor aufzuschließen. Es geht um Kommunikation und Identitätsbildung: Der Austausch über Stadtentwicklung, Wohnqualität, Kulturereignisse und anstehende wirtschaftliche Fragen wird so angeregt. Touristen sind willkommen, in der Regel besuchen aber in erster Linie die Bewohner der Stadt dieses Fest.

Des Weiteren gibt es seit über zehn Jahren an drei Tagen im Juni das fantastische Straßenkünstlerfest *Asfaltart*, das vom Kunstverein Kallmünz organisiert wird. Das ganze Jahr über wird daran gearbeitet, hundertdreißig Freiwillige sind mit von der Partie, um dieses internationale Fest mit 200 Aufführungen von Künstlern, Clowns und Artisten zu realisieren. Asfaltart verwandelt Merans Zentrum in eine einzige Gauklerei – sprühend vor Witz, Fantasie und surrealer Weltwahrnehmung. Dabei geht man sehr professionell vor, die Veranstaltungen sind zeitlich eng ineinander verzahnt und das Auftauchen und Verschwinden einer Bühne oder einer Darbietung auf der Straße, an der Kreuzung oder in der Luft (Seiltanz!) muss klappen. Das Festival ist ein typisches Beispiel für den besonderen Esprit dieser Stadt, die auf die Beine zu stellen vermag, was sonst nur in Großstädten zu sehen ist. Asfaltart bezaubert und bringt Zuversicht – ein absolutes Muss für Jung und Alt.

Mit seiner Show setzt der chilenische Clown Murmuyo die Regeln des Straßenverkehrs außer Kraft.

Manches Schöne wurde wieder eingestellt, so etwa ein alljährliches Sommerfestival, realisiert in Zusammenarbeit mit der Gemeinde Meran. Neben Theateraufführungen und Jazzkonzerten gab es Tanzabende – Tango und Fado. Derzeit gibt es schon wieder Überlegungen, wie das eine oder andere zurückzuholen wäre, vor allem der Kabarett-Garten liegt dem Grafen am Herzen, der im Rahmen des Sommerfestivals einen festen Platz hatte. Der Jazz ist inzwischen in den Garten von Martinsbrunn ausgewichen, das Kabarett will Khuen schon 2017 wiederaufleben lassen.

Wir unterhalten uns darüber, wie die Organisation so vieler Kulturevents in einem Leben, in dem es auch einen Brotberuf und eine Familie gibt, unterzubringen ist. Und wir reden über die Möglichkeiten der Finanzierung von Kunst und Kultur. Die Gemeinde und das Land fördern zum Beispiel das Festival Asfaltart, auch private Sponsoren sorgen dafür, dass die Eintritte für Zuschauer frei sind, die Künstler aber ordentlich bezahlt werden. Die einzige direkte Einnahmequelle dabei ist der Gastrostand drüben bei der Postbrücke, höre ich, über diese Schiene kommt etwas Geld herein. Die Finanzierung der Veranstaltungen ist in den letzten zehn Jahren gelungen, Gewinn wurde keiner gemacht. Mag sein, dass das positive Finanzgebaren damit zu tun hat, dass der Hausherr Wirtschaft studiert hat. Der Brotberuf ist die Geschäftsführung des Restaurants, das als superfeines und superteures Etablissement eröffnet, sich dann aber auf einen mittleren, nicht ganz so teuren Standard eingependelt hat. Das Kallmünz bietet auch Hausbier an, jetzt fehlt nur noch die eigene Brauerei.

Vom Luxushotel Bristol zu den Deutschordensschwestern in Lana – Elisabeth Hölzl, Fotografin und Konzeptkünstlerin

Über zwei Jahre lang verfolgte Elisabeth Hölzl ein Projekt, in dem es um die Lebenssituation der Kostümbildnerin Frida Parmeggiani geht – einer Meranerin, die in ihrer Zusammenarbeit mit dem Opernregisseur Bob Wilson weltweit tätig war und jetzt wieder in Meran lebt. Die Serie wurde im September 2016 vorgestellt. „Arbeiten“ bedeutet für Elisabeth Hölzl: sich über eine lange Zeit mit einem Thema beschäftigen, sich persönlich involvieren, in einen Prozess eintreten. Fotografiert man Personen, sagt sie, so ist es ganz wichtig, viel Zeit zu haben. Die Zeit, mit den Menschen zu sprechen, sich auf sie einzulassen, bevor der Apparat hervorgeholt wird. Die Zeit auch, die Menschen brauchen, eine auf sie gerichtete Kamera zu integrieren, fast zu vergessen. In allen ihren Arbeiten geht es um Momente oder Situationen, die man im Allgemeinen nicht bemerkt, die sie als Fotografin aber sofort anspringen. Den lebendigen Augenblick zu bewahren ist eines der Ziele von Elisabeth Hölzl. Ihre Bildserien wirken wohlüberlegt und arrangiert, doch in Wahrheit fangen sie einen lebendigen Moment nach dem anderen ein. Denn festgehalten wird stets ein Prozess, ein Sich-Verändern. Das trifft auch auf ihre Raumprojekte zu – auf jene Arbeiten also, die sich mit leeren Räumen beschäftigen, zum Beispiel ihre fotografische Serie zum ehemaligen Hotel Bristol in der Otto-Huber-Straße in Meran.

Elisabeth Hölzl kommt eigentlich aus der Bildhauerei. Sie hat zunächst als Konzeptkünstlerin gearbeitet und Objekte oder Installationen ausgestellt, einige von ihnen sind 2001 als Jahreskalender erschienen, so etwa das Objekt *Jukebox* (1994) – ein großer Glasbehälter, gefüllt mit den Rosshaaren von Geigenbögen: Millionen von Noten sind durch diese Haare gegangen – eine Idee, die wohl vom Zusammenleben mit einem Musiker inspiriert war.

Kaffeetrinkend sitzen wir in der sonnigen Wohnung, in der Elisabeth Hölzl mit ihrem Mann, dem Musiker Marcello Fera, und ihren Kindern lebt. Wir befinden uns in unmittelbarer Nachbarschaft der Otto-Huber-Straße, wo das Hotel Bristol stand. Die Wohnung atmet Kunst, da und dort stehen Objekte der Installationskünstlerin, die Hölzl auch ist. An einer großen leeren Wand sind merkwürdige Zeichen und der schiefe, schräge Schriftzug *libera viva* zu sehen. Hölzl hat mit Schablonen und Kreide an die Wand appliziert, was sie im Zuge ihrer Arbeit *Libera Viva* (2011) im verfallenden Hospital Leonardo Bianchi, einer ehemaligen psychiatrischen Klinik in Neapel, festgehalten hat. Die Patienten der Klinik haben solche Schriftzeichen mit spitzen Gegenständen in den Putz ihrer Zimmerwände geritzt – es sind Graffiti der anderen Art, ungelenk, zart und zutiefst berührend; wie überhaupt die Arbeit *Libera Viva* in ihrer rigorosen Darstellung eines aufgelassenen Krankenhauses, in dem die Natur – Pflanzen, Bäume, Schlinggewächse, Schimmel, Staub – allmählich in die Innenräume und ins Mauerwerk vordringt, den einst hermetisch geschlossenen Gebäudekomplex sozusagen übernimmt, anrührt, nachdenklich macht und auch überrascht.

Elisabeth Hölzls fotografische Serien scheinen auf den ersten Blick ganz unterschiedlich zu sein, doch je länger man sie auf sich wirken lässt, desto augenscheinlicher wird die Behutsamkeit ihrer Herangehensweise und die Klarheit des Arrangements, die sie alle verbindet. *Im Namen der Liebe. Leben und Wirken der Deutschordensschwestern in Südtirol* (2013) war ein ganz anderes Projekt als *Libera Viva*, doch nicht minder ambitioniert, ging es doch darum, die auf einem rituellen Ablauf basierende Alltagsrealität der wenigen noch im Mutterhaus in Lana lebenden Klosterfrauen einzufangen. Oder die Fotos von Sinti und Roma, aufgenommen im Roma-Camp in Bozen und publiziert als Ausgabe Nr. 67 der Kulturzeitschrift *Arunda*: Sie spiegeln wieder eine andere Facette. Es sind brillante Bilder voller Lebensfreude, Bilder von Festen und Feiern, von gemächlichem Leben einerseits und prachtvollen Riten andererseits.

Wie vielschichtig und zeitaufwendig all diese Projekte waren, zeigt Hölzls Hotel-Bristol-Projekt. Das Hotel war seit Jahren geschlossen, aber als Elisabeth eines Tages wie so oft vorbeispazierte, stand die Tür plötzlich offen. Sofort ging sie hinein. Das erste Bild, das entstand, ist das berühmteste der Serie geworden, die eine ihrer erfolgreichsten war – eine Chiffre des verlassenen Wohnraums: zahlreiche dicht aneinandergestellte Sessel im Salon, zugedeckt mit weißen Tüchern. Es war schwierig, erzählt Elisabeth Hölzl, die Erlaubnis zu bekommen, in dem aufgelassenen Hotel fotografieren zu dürfen, in dem Arbeiter die Aufgabe hatten, alles wertvolle Material auszuräumen, herunterzubrechen und sicherzustellen. Doch sie erhielt die Genehmigung und verbrachte zwei Jahre lang viel Zeit in dem alten Hotel, arbeitete mit den sich verändernden Räumen, mit dem Wandel durch Alterung, Witterung und Menschenhand. Sie konnte diesen Leerräumungsprozess miterleben und fotografisch begleiten.

Es ist nicht das verfallene Gebäude, das Elisabeth Hölzl interessiert, es sind vielmehr die Stationen des Verfalls oder die

Situationen dazwischen, die merkliche und manchmal auch unmerklich stattfindende Bewegung. Diesen Situationen wird meist wenig Aufmerksamkeit geschenkt, aber sie sind es, auf die der Blick der Fotografin fällt. Das Hotel Bristol wurde entkleidet und stand am Ende roh und nackt da. Alles wurde verwertet, von den Parkettböden bis zu den Wandverkleidungen, von den Heizkörpern bis zu den Badezimmereinrichtungen, alles, was einen Wert hatte, wurde für die Wiederverwertung ausgeräumt. Eine Sprengung des Gebäudes war wegen des vielen Asbests nicht möglich, der Abriss geriet zum Freilichttheater für die Meraner: Das Mauerwerk wurde mit großen Beißzangen abgetragen, bis hin zum Schwimmbad, das sich auf dem Dach des Hotels befand.

Geiger, Komponist und engagierter Zeitgenosse: Marcello Fera und das Ensemble Conductus

Er ist vor fünfundzwanzig Jahren von Genua nach Meran gekommen, um im Kurorchester die erste Geige zu spielen. Von einem Kollegen hatte er gehört, dass im Alto Adige ein Musiker gebraucht werde. Es handelte sich um eine saisonale Anstellung von fünf Monaten jährlich, aber für Marcello Fera reichte das, um seinem Leben eine neue Richtung zu geben. Meran als Ort war für ihn absolut exotisch, erzählt er, und ich erinnere mich an eine Aussage von Aldo Mazza, Leiter von *Alpha Beta Edizioni* in Meran: Als er von Süditalien nach Südtirol gekommen war, empfand er die Gegend fürs Erste als „wild west". Südtirol muss in der Tat auf viele italienische Zugezogene – und es waren ja nicht wenige, die ins Land kamen, um hier zu arbeiten – sehr fremd gewirkt haben. Marcello Fera wurde für zwei Jahre Direktor des Kurorchesters, dann wurde diese altgediente Institution von der Gemeinde Meran abgeschafft. Immerhin ist der Name Fera für immer an die Funktion „letzter Direktor des Kurorchesters Meran" geknüpft – der Genueser ist damit in die Stadtgeschichte eingegangen.

Heute ist Marcello Fera als Komponist, Interpret und Dirigent in Meran tätig. Schon früher hatte er den Eindruck, dass er sich als Musiker den Platz, mit dem er sich restlos identifizieren konnte, selbst schaffen musste oder wollte. In den ersten Jahren, die er in Meran verbrachte, also Anfang der 1990er-Jahre, experimentierte er mit diversen Projekten und gründete zwei Ensembles, angesiedelt im Bereich der Improvisation, des Liedes und des klassischen Repertoires. Das Programm war nicht kohärent, was aber auf eine bewusste Entscheidung zurückging: Mit dem Mix aus alten Stücken, Popsongs und Klassikelementen hatte Fera in Südtirol Erfolg. Parallel dazu begann er zu komponieren.

1999 gründete er das exquisite Streichensemble Conductus; er ist dessen musikalischer Leiter, dirigiert und schreibt Stücke und Arrangements für das Konzertprogramm des Ensembles. Auch mit Conductus verfolgt Fera das dialogische Prinzip: Er erarbeitet Programme, in denen alte Musik und zeitgenössische klassische Musik ineinandergreifen und ein gedeihliches Zusammenleben pflegen, dazu kommt Musik volkstümlichen Ursprungs (bessere Begriffe sind *musica popolare* oder *world music*). Die Konzerte des Ensemble Conductus rotieren stets um eine bestimmte Idee, ein Thema. Dazu kommt die regelmäßige Zusammenarbeit mit Gastsolisten oder anderen Musikgruppen. Der Grund dafür leuchtet ein, denn je nach Projekt sind ganz unterschiedliche Musikertypen gefragt. So hat Conductus etwa mit dem großen Jazz-Perkussionisten Michele Rabbia oder mit *a filetta*, dem bekannten korsischen Vokalensemble (Kehlgesang), zusammengearbeitet. Darüber hinaus wird an der Schnittstelle zu Literatur, Poesie, Politik und Geschichte gearbeitet. Der gesellschaftspolitische Aspekt, die Erdung im Politischen, ist Fera wichtig, so hat er etwa einmal eine Arbeit zu Partisanengeschichten geschaffen, die im italienischen Rundfunk Erfolg hatte. Folgerichtig engagiert sich Fera nicht nur für seine Musik; er wird immer wieder auch in anderen Initiativen aktiv, wenn es sich ergibt. Er war etwa mitbeteiligt, als es darum ging, das *Bersaglio* zu revitalisieren, den Ort durch qualitative Veranstaltungen aufzuwerten.

Bei einem Glas Wein lasse ich mir einige Empfehlungen geben und reiche sie hiermit weiter: Wer in die Meraner Gegend kommt und die Gelegenheit hat, das Jazzduo Helga Plankensteiner & Michael Lösch zu hören, kann mit einem feinen Abend rechnen. Und: Der 1984 in Meran geborene Schlagzeuger Philipp Lamprecht begeistert das Publikum – gemeinsam mit Anne Suse Enßle bildet er das Duo für Flöte und Schlaginstrumente Enßle-Lamprecht, gespielt wird mittelalterliche genauso wie ganz neue Musik. Merken sollte man sich auch das Ensemble Meranbaroque, das vom Meraner Organisten Stephan Kofler gegründet wurde, außerdem den italienischen Sänger und Gitarristen Aronne Dell'Oro, der in Meran mehrere CDs aufgenommen hat und das alte mediterrane Liedgut auf intelligente Weise neu interpretiert. Im Bereich der sakralen Musik ist der arrivierte Organist, Sänger und Komponist Dietrich Oberdörfer ein Tipp, er hat maßgebliche Impulse für seine kompositorische Tätigkeit durch die Begegnung mit Arvo Pärt bekommen. Und schließlich ist Veronika Egger eine junge Geigerin, von der man noch viel hören wird.

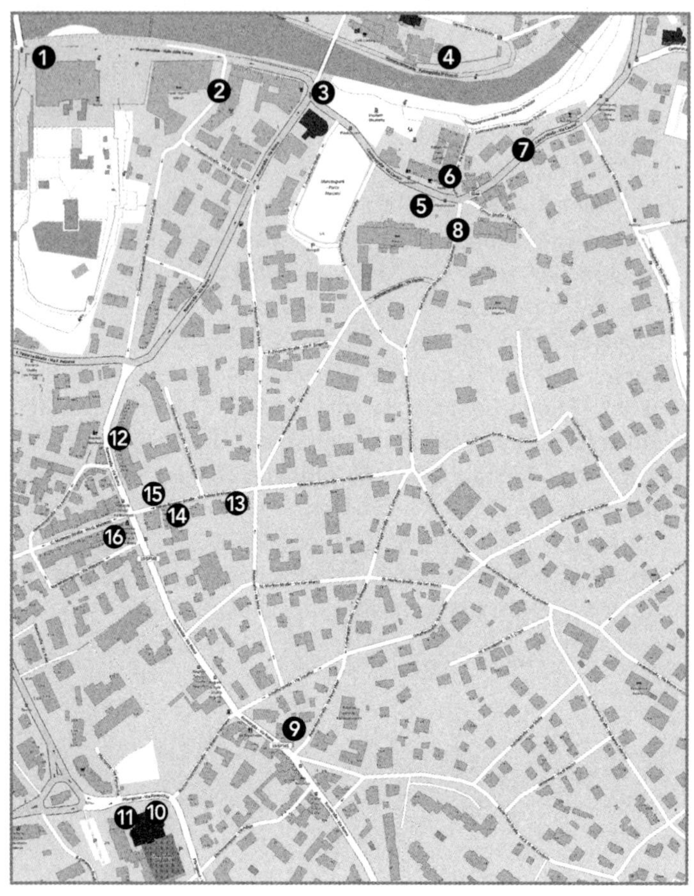

1 Therme Meran
2 Eurotel
3 Sissi-Park mit Sissi-Denkmal
4 Wandelhalle
5 Hotel Palace
6 Plankenstein-Gebäude
7 Cavourstraße
8 Grabmayrstraße
9 Maria-Trost-Kirche
10 St.-Vigil-Kirche Pfarre Untermais
11 KIMM / Restaurant Festival
12 Stamser Mühle
13 Ottoburg
14 Restaurant Villa Heidelberg
15 Villa Hartmann
16 Matteottistraße

Treffpunkt Untermais
Rundgang durchs andere Meran

Ein Parcours mit Patrick Rina

Wer nur kurz in Meran Aufenthalt nimmt, spaziert meist im Geviert von Passer-Promenade, Wandelhalle, Pfarrplatz und Kornplatz umher. Allenfalls besucht man noch die Therme und den Sissi-Park oder man lässt sich an Obermaiser Villen vorbei zum Schloss Tirol kutschieren. Kaum ein Fremdenführer wird aber zu einem Rundgang nach Untermais einladen. Patrick Rina tut genau das. Der Journalist der ORF-Sendung *Südtirol heute* ist Untermaiser und überzeugt davon, dass sein Stadtteil zu Unrecht als Stiefkind unter den Sehenswürdigkeiten Merans gehandelt wird. Und so führt er auch uns durch Untermais, ist dabei so professionell freundlich, so gut gelaunt und humorvoll, dass man ihm gerne zuhört – und bald merkt: Der Mann weiß viel, sehr viel sogar.

Bevor wir Patrick Rina treffen, genießen wir – in Untermais – noch ein Eis, auf einem Mäuerchen vor der Eisdiele sitzend, zu Füßen des ehemaligen *Eurotel*, einem Vier-Sterne-Hotel der 1950er-Jahre, das den Hotelbetrieb 1991 eingestellt hat. In der Folge wurde es zu einem Wohnpalast für Menschen aus aller Herren Länder. Das Gebäude ist siebengeschossig und weitläufig, es fällt durch seine leichte Rundung und das weit auskragende Dach auf. Nach seiner Schließung wurden

*Statisch:
Sissi im Sissi-Park*

die Wohneinheiten, bestehend aus Zimmer, kleiner Küche und Badezimmer, an Baufirmen vermietet: bis zu sechs Arbeiter wohnten zunächst in so einer winzigen Einheit. Doch bald wurde das Haus neu organisiert, die Miniwohnungen sind nun größtenteils an Einzelpersonen und Paare vermietet. Die Öffentlichkeit darf Einblick nehmen: Über das Zusammenleben im Eurotel wurde 2007 ein sehenswerter Dokumentarfilm gedreht[17], in dem ausschließlich Bewohnerinnen und Bewohner zu Wort kommen. Sie beleuchten die unterschiedlichsten Lebensformen, die sich hier – mitten im bürgerlichen Stadtzentrum – versammeln.

Gestärkt steuern wir Richtung Postbrücke und auf den Sissi-Park zu, wo der Parcours beginnen soll. Elisabeth, Sissi, die von so vielen geliebte, unglückliche Kaiserin Elisabeth von Österreich – eine Seelenverwandte von Diana, der verstorbenen ehemaligen Gattin von Prinz Charles? Seit 1903 befindet sich hier ihr Denkmal aus weißem Marmor; es ist keine monumentale Skulptur, am Rande einer großen Wiese strahlt die sitzende Sissi fast so etwas wie Einsamkeit aus. Auf Sissis Schoß liegt ein Buch, der ernste Gesichtsausdruck bringt ihr melancholisches

---

17 http://www.zeligfilm.it/de/component/zelig/production/10

Das stattliche Plankenstein ist Wohn- und Geschäftshaus, auf dessen Rückseite die Sommerpromenade vorbeiführt.

Lebensgefühl zum Ausdruck. Dieser Park, der wegen der Sissi-Statue von nahezu allen Touristen aufgesucht wird, befindet sich – siehe da – in Untermais. Der Stadtteil erstreckt sich im Dreieck von Passer und Winkelweg, wo auch der Waal verläuft, ein uralter Bewässerungsgraben, wie es sie im Burggrafenamt und im Vinschgau überall gibt. Und demnach gehören etwa auch die Therme Meran und das noble Hotel Palace zu Untermais, das außerdem reich an Kulturschätzen ist. Rinas Erklärungen lassen uns in den nächsten zwei Stunden staunen, denn vieles hätten wir ohne seine Hinweise gar nicht bemerkt.

Wir spazieren die ansteigende Cavourstraße hinauf, haben im rechten Augenwinkel das Hotel Palace, in dem wir einmal gerne einen Kaffee getrunken hätten, doch das noble Hotel lässt keine Laufklientel herein – zum Schutz der eigenen Gäste, die hier kuren und mitunter in Bademänteln durch die Lobby spazieren.

An der ersten Linkskurve sehen wir ein stattliches Gebäude, das sogenannte *Plankenstein*, ein 1908 von Pietro Delugan errichtetes Wohn- und Geschäftsgebäude. Der Baumeister Delugan, gestorben 1923 in Meran, kann mit Fug und Recht als einer der für die Gegend bedeutendsten Architekten bezeichnet werden, seine Bauten prägen das Gesicht der Stadt bis heute und stehen teilweise unter Denkmal- oder Ensembleschutz. Das Plankenstein hat eine auffallende Eckfassade mit Rundfenstern, Brüstungen und Balkonen, sogar mit auf Säulen ruhenden Arkaden. Unter den Arkaden befinden sich eine teure Boutique, eine Önothek, ein Chinarestaurant und der Nightclub *La Perla*; am unteren Eck aber die von MeranerInnen viel gelobte Pizzeria *Relax*, die im Tiefparterre – man beachte den entsprechenden Hinweis über dem Eingangsportal – über eine Vinothek verfügt. Im Relax isst man im Sommer auch im Freien recht angenehm und nicht teuer. Apropos: Ein Gebäude weiter bergauf winkt linker Hand die *Pizzeria 357*, die bei sehr freundlicher Bedienung ausgezeichnete Pizza serviert.

Biegt man beim La Perla links ums Eck, wird es plötzlich „randständig“: Hier stehen viele Geschäftslokale leer, hier gäbe es noch Potenzial. Doch wichtig: Im hinteren Bereich des großen Hauses, das in den oberen Geschossen zahlreiche Wohnungen und Büros beherbergt, befand sich früher einer der Meraner Kinematographen, das *Odeon* – und das ist jetzt ein eigenes Kapitel: Lange Zeit gab es in Meran gar kein Kino oder Lichtspieltheater mehr, eine Tatsache, die mich regelrecht erschütterte, bis ich erfuhr, dass das *Ariston* in der Ariston-Galerie (Rennweg 25) seit Ende 2014 in Kooperation mit dem Filmclub Bozen deutsch- und italienischsprachige Filme zeigt (allerdings nicht an jedem Tag der Woche und das in einem Mehrzwecksaal). Das muss man sich einmal auf der Zunge zergehen lassen: Die Kulturstadt Meran und das gesamte Burggrafenamt hatten sieben Jahre lang kein Kino! Das ist umso merkwürdiger, als es einmal sechs Kinos in der Stadt gegeben hat – das Odeon, das Theaterkino, das Apollo, das Stella, das Lux, das Italia und wie sie alle hießen! Das erste, das Theaterkino, eröffnete bereits 1908, ein weiteres 1909, 1911 etc. – die Rede ist demnach von einer mehr als hundert Jahre währenden Kinotradition, die sich in nichts aufgelöst hat.

Die verkehrsreiche Cavourstraße steigt weiter bergan; wo sie als Nächstes den Winkelweg quert, wäre man schon in Obermais. Wir aber biegen rechts in die Grabmayrstraße ein. Gleich nach der Abzweigung sehen wir linker Hand das gelbe ehemalige Sanatorium *Stefanie*: Die große Anlage mit vielen Balkonen war um die Jahrhundertwende eine bekannte Kuranstalt, in der Stoffwechsel- und Herzkrankheiten sowie neurasthenische Beschwerden kuriert wurden. Heute ist hier die St.-Antonius-Privatklinik untergebracht.

Die Grabmayrstraße, die sich anfangs schmal an Villen und Schlösschen vorbeischlängelt, ist nach dem Juristen und Politiker Karl Grabmayr (1848–1923) benannt, der das Tiroler Grundbuch und das Höferecht begründete und vom Kaiser 1913 mit dem Adelstitel „von Angerheim" geehrt wurde. Bekannter ist er aber wegen der von ihm gegründeten Apfelexportgesellschaft, die in der Grabmayrstraße ihren Sitz hatte. Es handelte sich um eine Exportgesellschaft, die mit der delikaten Apfelsorte Calville (auch *Weißer-Winter-Calville* oder *Paradiesapfel*) handelte: Diese Äpfel wurden bereits am Baum in Seidenpapier eingehüllt, damit sie nobel blass blieben, sie wurden mit Samthandschuhen geerntet, auf Wolle oder Watte gelegt, damit sie nur ja nicht beschädigt wurden. Der Calville war der Meraner Apfel par excellence, angeblich eine zart nach Erdbeere schmeckende Sorte, die sich königlich-kaiserliche Hoheiten bis hin zur Zarin aus Meran kommen ließen. Der Anbau und die Pflege dieses Apfels kommen heute begreiflicherweise nicht mehr infrage. Verewigt ist diese Frucht aber immerhin in einer Novelle von Otto Julius Bierbaum: Unter dem Titel *Zwei Äpfel* wird ausgehend vom Calville die Begegnung mit zwei weiblichen Äpfeln geschildert – eine erotisch-pikante Episode in Meran um 1900.[18]

---

18 Vgl. Martin Hanni, Renate Ranzi: Südtirol mit Geschmack und Geheimnis. Kreuz und quer am Alpensüdkamm. Meßkirch: Gmeiner 2015, 25.

Das Bild stammt aus dem Obstbaumuseum Lana, wo man alles über die Apfelkultur erfährt.

Die Straßen hier eignen sich sehr zum angenehmen Spazieren, sie sind von Bäumen beschattet und auf beiden Seiten darf man Blicke in schöne Gärten werfen. Noch angeregt von Apfelfantasien steuern wir jedoch auf ein ernsteres Ziel zu: Wir wollen zur Maria-Trost-Kirche. Unterwegs wollen wir von unserem Untermais-Experten Rina wissen, was es denn eigentlich mit dem Namen Mais/Maia wirklich auf sich habe und ob er wisse, wo sich das römische *Castrum Maiense* befunden habe. Man wisse es bis heute nicht sicher, hören wir, die einen würden es an der Passer nördlich von Meran, also in der Lazag, lokalisieren, denn dort habe man römische Siedlungen gefunden; andere hingegen meinen, das Castrum habe sich an der Stelle, wo die Zenoburg steht, befunden; wieder andere sagen, es könnte da gewesen sein, wo heute die St.-Valentin-Kirche ist, in der Mulde zwischen Schloss Trauttmansdorff und Schloss Rametz. In Untermais habe es jedenfalls kein Castrum gegeben, das sei sicher: Der Talboden war völlig versumpft. Und was hat es mit dieser Aufteilung von Obermais, Untermais und Meran auf sich? Im Lauf des Mittelalters bildeten sich separate Verwaltungsstrukturen zwischen Obermais und Untermais heraus, hören wir, weshalb Mais über Jahrhunderte eine Doppelgemeinde war, abgetrennt vom eigentlichen

Meran, der Altstadt. Zwar wurden die fundamental wichtigen Rechte weiterhin gemeinsam verwaltet, etwa die Instandhaltung der Wege und Waale, aber die anderen Rechte wurden ausgehandelt und aufgeteilt. Diese Verhandlungen fanden interessanterweise ausgerechnet auf dem Friedhof der Kirche Maria Trost in Untermais statt. Jahrhundertelang war es in den Dörfern üblich, nach dem Gottesdienst vor der Kirche auch profane Dinge zu regeln, etwa Mitteilungen der Gemeinde laut vorzulesen. Im Sinne dieser Tradition wurde auf dem besagten Friedhof das Dorfrecht für Obermais und Untermais einberufen, dabei handelte es sich um die Zusammenkunft der Gutsbesitzer, die die Rechte und Pflichten der Gemeinden regelten. Übrigens: Obermais, Untermais und Gratsch waren danach noch lange Zeit, nämlich bis zum Dezember 1923, eigenständige Gemeinden.

Eine wichtige Zäsur fand schon im Jahr 1273 statt: Untermais wurde samt den dazugehörigen Weingütern dem Kloster Stams im heutigen Nordtirol einverleibt. Bis heute gehört Untermais kirchlich zu Stams, noch heute werden Untermaiser Kinder vom Stamser Abt gefirmt; diese der Staatsgrenze trotzende Verbundenheit mit den Stamsern ist für die Untermaiser auch heute Normalität. Und in der Romstraße steht ein Gebäude, das dies auch namentlich bezeugt: Die Stamser Mühle – heute als dottergelb getünchtes Gebäude leicht erkennbar – arbeitete einst für das Stift Stams.

Zur Zeit der Sümpfe gab es in Untermais nur einzelne Gehöfte und zwei Kirchen, einmal die Kirche Maria Trost, die 1237 erstmals erwähnt wird, im Weiteren die alte Sankt-Vigil-Kirche, heute die Pfarrkirche von Untermais. Beide Kirchen stehen an stark befahrenen Straßen, das gilt vor allem für die Maria-Trost-Kirche, die daher meist unbeachtet bleibt – ganz zu Unrecht. Die nur mehr zum Teil erhaltenen Fresken (aus dem dreizehnten Jahrhundert) auf der linken Wand sind byzantinischen Geschmacks, d. h. sie sind dem byzantinischen Stil nachempfunden.

Die Wallfahrtskirche Maria Trost in der Romstraße ist ein Kleinod der Romanik.

Diese Fresken sind der eigentliche Schatz der Kirche. Da das Kirchenschiff in der Regel durch ein schmiedeeisernes Gitter vom Eingangsbereich abgetrennt (also geschützt) wird, sind sie aber nur schwer zu erkennen (bei Voranmeldung kann man sich das Gitter von Pater Cyril öffnen lassen). Ein Eindruck der Marien-Darstellungen lässt sich aber auch durch das Gitter hindurch erhaschen. Die Fresken zeigen in zyklischer Form das Leben der Maria, auf der linken Seite die „Koimesis", ihr Totenlager. Unterhalb des Sarges erkennt man zwei Figuren, die mit der Hand hochgreifen – laut Überlieferung handelt es sich um Juden, die nicht an Jesus und Maria geglaubt haben, weshalb ihnen durch die Berührung mit dem Sarg die Hände abgefallen sind; das obskure Detail signalisiert auch den heutigen Ungläubigen Verdammnis. Auch die sonstigen Fresken bzw. Freskenreste sind interessant: Wir erkennen Masken, die die verstorbenen Sünder darstellen sollen, welche in den Höllenschlund wandern – Könige, Äbte oder einfache Leute, ganz gemischt. Dann die „Auferstehung des Fleisches": Untote steigen aus dem Hades, ein Rabe ist so diensteifrig, dass er einer Figur den abgetrennten Arm zurückbringt.

Der frei zugängliche alte Friedhof, auf dem eine Reihe bedeutender Persönlichkeiten begraben sind, hat Atmosphäre. Zunächst geht man an den Grabtafeln der Geistlichen vorbei – einer von ihnen ist, wie auf der Tafel vermerkt wurde, an der Cholera gestorben, und zwar im Jahr 1836. Dieses Datum ist wichtig, denn es brachte Meran Zerstörung und Segen zugleich. 1836 wurde die Cholera von der Lombardei her eingeschleppt, der Epidemie fielen viele Menschen zum Opfer. Auffallend war aber, dass in der Meraner Gegend im Schnitt weniger Menschen starben als in anderen Gebieten. Der an anderer Stelle schon erwähnte Arzt Dr. Huber führte diesen Umstand auf die Güte der Luft und die Qualität der Wasserversorgung zurück und schrieb das schon erwähnte erste Buch, das Meran als Luftkurort und Heilwasserstätte auswies. Das Jahr 1836 war damit das Geburtsjahr des Kurortes Meran.

Die Treppen, die hier zu einer Gruft hinabführen, sind nicht mehr zugänglich, erzählen jedoch die Geschichte einer großen Liebe: Ferdinand Karl von Habsburg verliebte sich in eine bürgerliche Frau – in Berta Czuber, Tochter eines Mathematikprofessors aus Prag. Die beiden begegneten einander 1902 auf dem Wiener Technikerball, die schöne junge Frau war zu diesem Zeitpunkt dreiundzwanzig Jahre alt und hatte bereits eine heftige Affäre mit einem Diplomaten hinter sich; auch soll in ihrer Tanzstundenzeit Robert Musil in sie vernarrt gewesen sein. Das Gerücht, dass der Erzherzog mit Berta Czuber eine Liaison eingegangen sei, hatte in höchsten Kreisen schon die Runde gemacht und der Kaiser persönlich forderte seinen Erzherzog auf, sich von dieser Frau, an der er kein gutes Haar ließ, sofort zu trennen. Doch statt Franz Josephs Wunsch zu entsprechen, heirateten die beiden 1909 heimlich in Chur. Freilich musste Ferdinand Karl dem Kaiser die Beichte ablegen, die Folge war, dass er auf alle seine Titel und Nachfolgerechte verzichten musste. Er nannte sich nun Ferdinand Burg (offenbar, weil er so gerne Intendant des Burgtheaters geworden wäre). Mit seiner Frau Berta Burg ließ er sich in Meran nieder. Nach Wien kam er nur noch einmal, als man ihm erlaubte, an der Trauerfeier für das ermordete Thronfolgerpaar

Franz Ferdinand und Sophie teilzunehmen. Da war er schon von seinem schweren Lungenleiden gezeichnet; er starb 1915 und wurde in der Gruft der Kirche Maria Trost beigesetzt. Berta Burg überlebte ihren Gatten um 64 Jahre, sie wurde fast hundert und war bis zu ihrem Tod 1979 in Meran als „die Burg" bekannt; sie soll stets gepudert und mit weißen Handschuhen aus dem Haus gegangen sein. Auch sie wurde mit allen Ehren in der Gruft der Kirche Maria Trost bestattet.

Nun treten wir durch ein Eisengatter, um in den hinteren Bereich des Friedhofs zu gelangen. Hier hat man in jüngerer Zeit einige Instandsetzungsarbeiten durchgeführt und die niedergesunkenen Grabtafeln säuberlich in eine Reihe gestellt, damit man sie gut betrachten kann. Der Friedhof birgt zahlreiche Erinnerungen – an Adelige, angesehene Bürger oder einfach an interessante Meraner Menschen, auf ihr Tun und Lassen zu ihren Lebzeiten, meist im achtzehnten und neunzehnten Jahrhundert.[19]

Karl Grabmayr von Angerheim, den wir schon in Zusammenhang mit köstlichen Calville-Äpfeln kennengelernt haben, liegt hier begraben. Anton Innerhofer, Priglbauer in Obermais, liegt hier, er beherrschte das Schnitzen und Drechseln, fertigte Instrumente und Flinten. Er und seine Brüder waren es, die dem Dr. Bernhard Mazegger ihr bäuerliches Anwesen verkauften, damit der an eben diesem sonnig gelegenen Platz seine erste Kurpension bauen konnte (heute Villa Mazegger und Freihof). Mazegger ist übrigens auch hier zu liegen gekommen. Oder der berühmte Arzt Franz Tappeiner, der Stifter des Tappeinerweges. Auch Horazio Gaigher, ebenfalls Arzt, doch nicht aus Leidenschaft und daher nicht lange: Er hängte seinen Beruf an den Nagel, um als Maler zu leben, schuf nicht weniger als 600 Porträts und ist im Kurhaus in der Rotunde mit seinen gemalten Putten prominent vertreten.

---

19 *https://www.meraner.eu/artikel/2009/der-friedhof-maria-trost--ein-fenster-der-geschichte-von-mais.405*

In der Villa Ottoburg wohnte 1920 der lungenkranke Dichter Franz Kafka.

Patrick Rina zeigt uns abschließend den Grabstein von Karl Wolf, der in Meran monumentale Andreas-Hofer-Spektakel ins Leben rief und damit eine Tradition schuf, die in der faschistischen Zeit unterbrochen, danach aber wiederbelebt wurde. Noch 2009 wurden diese Spiele mit an die tausend Mitwirkenden in der Stadt inszeniert, um den Leuten das Leben des Ander Hofer näherzubringen. Die Volksschauspiele wurden unter Karl Wolf so bekannt, dass sogar in der amerikanischen Presse darüber berichtet wurde; Max Reinhardt soll sie gesehen und entzückt gewesen sein.

Wir machen noch einen Abstecher in die Pfarrgasse und zur Sankt-Vigil-Kirche hinunter. Der Besuch dieses Bauwerks ist Pflicht, zumal es kaum bekannt ist: Die alte Untermaiser Pfarrkirche wurde in den 1930er-Jahren durch einen Neubau des bekannten österreichischen Architekten Clemens Holzmeister ersetzt, nur die alte Apsis blieb erhalten. Die Kirche ist eines der seltenen Beispiele moderner Sakralbaukunst in Südtirol und beherbergt einen wertvollen gotischen Altar und Fresken aus dem fünfzehnten Jahrhundert. Holzmeister war einer der wichtigsten Architekten seiner Zeit; er wurde in Fulpmes in Tirol geboren, hatte aber brasilianische Wurzeln.

Einer seiner bekanntesten Bauten ist das Krematorium neben dem Wiener Zentralfriedhof, die sogenannte Feuerhalle Simmering. Auch in der Türkei hat er zahlreiche Monumentalbauten, etwa die Villa Atatürk, errichtet, auch das Große Festspielhaus in Salzburg stammt von ihm.

Während die Pfarrkirche von kaum jemandem beachtet wird, ist das direkt angrenzende Angerheim ein Blickfang. Das mittelalterliche Gebäude beherbergte vor Jahrhunderten ein großes Depot für landwirtschaftliche Güter, die für das Kloster Stams bestimmt waren, es gab hier große Keller und Speicher. Heute ist es das Untermaiser Vereinshaus, Treffpunkt der Jugend und der traditionellen Vereine wie Schützen und Volksmusikgruppen. Der Anbau, das *KIMM* (Kultur in Meran Mais) mit einem großen Mehrzwecksaal, wurde, worauf eine Tafel hinweist, von einem der vielen Wahl-Meraner, von John Stoddard, mitfinanziert. Ein kulinarisch einladender Treffpunkt ist das gemütliche Restaurant Festival, das sich in diesem Gebäude befindet und in dem wir eine exzellente *pasta scoglio* (Nudeln mit Meeresfrüchten) essen. Touristen trifft man hier übrigens kaum.

Wieder zurück im Untermaiser Villenareal kommen wir an der Ecke zur Weingartenstraße an der Ottoburg vorbei. Franz Kafka hat hier 1920 für einige Monate gelebt. Der Prager Schriftsteller litt bekanntlich an Lungentuberkulose und hoffte, durch Kuren in Meran Besserung zu erlangen. Er kam zuerst im Hotel Emma unter, doch ein längerer Aufenthalt dort wäre sehr teuer geworden, also übersiedelte er in diese lauschige Gegend. Geheilt wurde er nicht, aber in diesem Haus schrieb er viele seiner berühmten Briefe an die Freundin Milena Jesenská (und wohl auch andere Texte). Die Ottoburg und übrigens auch die angrenzenden Villen sind gartenseitig prächtiger als zur Straße hin; wirft man einen Blick durch den Zaun auf Gärten und Balkone, könnte man angesichts dieser herrlichen Wohnlage schon etwas neidisch werden. Im Gartenbereich des

Restaurants Heidelberg versteht man, weshalb Meran die Stadt der tausend Balkone genannt wird. Das Heidelberg bietet gute bürgerliche Küche: Zelebriert wird etwa eine Weißweinsuppe, für die man extra aus Bozen kommt, gebackenes Kalbshirn und Tafelspitz. Politisch nicht korrekt, aber gut soll als Nachspeise Mohr im Hemd sein, ich bevorzuge und empfehle jedoch zum Abschluss einer Mahlzeit einen *affogato* (Ertrunkenen) – ertrunken ist dabei eine Kugel Vanilleeis in einer Tasse köstlichem kalten Kaffee. Der Gastgarten ist insgesamt ein ruhiges Plätzchen mit großer (sauerstoffspendender) Araukarie.

Schräg gegenüber auf der anderen Straßenseite kann man durch ein schmiedeeisernes Tor in einen perfekt gepflegten Garten mit großer Palme blicken und ein architektonisches Kleinod erhaschen – ein Schlösschen mit rot-weißen Fensterläden: Die Villa Hartmann wurde im Überetscher Ansitz-Stil gebaut, der um die Wende zum zwanzigsten Jahrhundert gerade als sehr schick galt. 1900, anlässlich der Weltausstellung in Paris, präsentierte sich Österreich-Ungarn mit verschiedenen Pavillons, darunter dem Tirol-Pavillon. Das Chateau Tirolien war ein verspieltes Gebäude – ein bisschen Renaissance, ein bisschen Gotik, alles neu durchmischt und voilà! So sind diese Schlösschen entstanden. Man wäre nicht abgeneigt, das Wohnen in so einem Haus auszuprobieren.

Bald stehen wir am Beginn der Matteottistraße, einer der bemerkenswertesten Straßen Merans, die längere Zeit vernachlässigt worden ist und nun, wie wir hören, verschönert wird. Sie wurde zu Beginn des zwanzigsten Jahrhunderts als Untermaiser Rathausstraße angelegt, was die Ansammlung der stattlichen Wohnhäuser mit großen Fenstern, Erkern und anderen Zierdetails erklärt. Sieht man einmal vom Volksbank-Gebäude am Eck ab (es verschandelt den Blick die Straße hinunter), sind die Bürgerhäuser einheitlich in einem Jugend- und Landhausstil Münchner Prägung gebaut. Am auffallendsten ist das gegenüber der Volksbank stehende Rathaus mit

Stadt der tausend Balkone: Blick von der Gartenseite der Ottoburg bis zur Villa Heidelberg

Türmchen. Der mehrstöckige Bau in historisierenden Stilformen wurde 1906 nach Plänen von Tobias Brenner errichtet; Brenner war ein wichtiger Unternehmer und Baumeister und hat auch die russisch-orthodoxe Kirche geplant. Das Rathaus wurde 1907 eröffnet, damals dachte man, es werde für lange Zeit das Zentrum der Gemeinde Untermais sein; dass diese schon 1923 zu Meran kommen würde, konnte man nicht wissen. Die Apotheke im Rathaus ist übrigens so alt wie das gesamte Gebäude, aber das ist auch das Einzige, was an alten Geschäften noch erhalten ist. Das ehemalige Kino *Apollo*, noch an der Aufschrift zu erkennen, macht einen desolaten Eindruck; es wurde 2009 geschlossen. Einladend ist hingegen das Fischrestaurant Chapeau – unbedingt zu empfehlen, haben wir gehört, was wir bald ausprobieren werden.

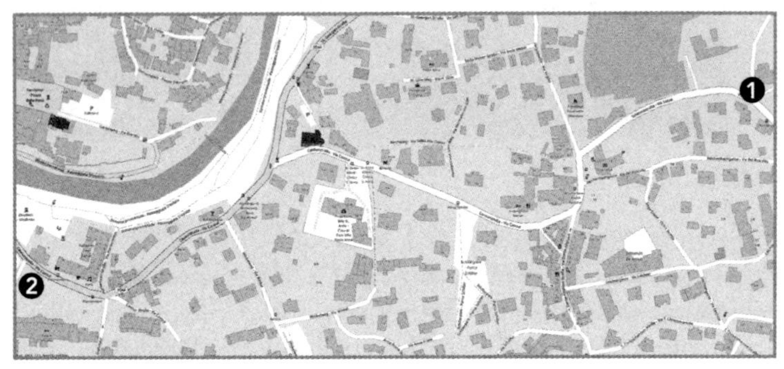

1 Villa Freischütz
2 Villa San Marco / Akademie deutsch-italienischer Studien

Villenbesuche

Exzellenzen der Baukunst

Man kann ganze Tage damit verbringen, die Meraner Villenviertel in Ober- und Untermais auf eigene Faust zu entdecken, mehr als bequeme Schuhe braucht man dafür nicht. Das Gehen ohne Ziel und ohne Karte hat den entscheidenden Vorteil, dass die Augen mehr sehen und Überraschungen nicht ausbleiben. Zwischen Ober- und Untermais können schmalste Wege entlang den Waalen (Schleichwege) zur Abkürzung benutzt werden, doch um die zu finden, muss man sich schon auskennen. Ob an Sonnentagen oder bei Regen, ob begleitet von Herbstwind oder an einem strahlenden Frühlingstag – es ist immer das Licht, das die Atmosphäre bestimmt. Im Winter erlauben die Hecken den Durchblick, dafür ist das Licht manchmal zu diffus, um die Details einer Villa betrachten zu können. Im Sommer verbergen die dichten Blätter der Hecken das Anwesen, man späht durch die reich verzierten schmiedeeisernen Tore auf Ausschnitte von Gärten und Villen und nimmt so einen Eindruck mit. Es sind so und so immer nur Streiflichter, die sich darbieten – Bruchstücke eines größeren Bildes. Das große Ganze, buchstäblich alles über die Meraner Villen und ihre Architekturen und Besitzer, kann man sich nach einem Spaziergang daheim vornehmen: Anna Pixner-Pertolls Villenbuch mit

Viele Meraner Villen sind umgeben von großen Gärten, manche verbergen sich hinter Toren und Hecken.

dem Titel *Ins Licht gebaut* ist ein Geschenk, punktgenau, richtungsweisend und mit zahlreichen Abbildungen versehen. Komme ich zum Beispiel in der Grabmayrstraße 11 an einem Tor vorbei, auf dessen steinernem Rundbogen ich den Namen „Stoddard" entdecke, den ich nicht so recht einordnen kann, so finde ich die Informationen bei Pixner-Pertoll: Die Villa Friederike ist ein gelungenes Beispiel der malerischen Renaissancevillen Merans. Ich lese nach, wer die Villa gebaut hat, studiere die faksimilierten Grundrisse von Souterrain und Hochparterre, wobei mir erklärt wird, dass die Räumlichkeiten des Souterrains insofern einmalig sind, als sie ein Riesenbadezimmer mit Riesenbassin, mit anderen Worten: ein Schwimmbad, aufweisen, wobei es laut dem damaligen Gaswerkbetreiber Rudolf Hengstenberg mit der Erwärmung des Wassers nicht ganz geklappt haben dürfte. Im Weiteren erfahre ich, wer John Lawson Stoddard war: ein amerikanischer Reiseschriftsteller.

Ob Blick durch die Hecke oder Blick in die Bücher: Die Villen selbst bleiben für neugierige Augen oft verschlossen. Doch es gibt Ausnahmen – sowohl in Ober- als auch in Untermais, wie die beiden folgenden Beispiele zeigen.

Erweckung aus dem Dornröschenschlaf: die Villa Freischütz in Obermais

Er war ein Fabrikantensohn aus Preußen und wurde zum Sammler aus Leidenschaft: Franz Michael Fromm, geboren 1854 in Klein-Lengden, sammelte alles – Kunst, Skulpturen, Möbel, Teppiche, Stoffe, Waffen, Briefmarken, Porzellan, Glas, Münzen, Miniaturen, Exlibris, Silberdosen und so weiter. Unser Glück: Er kaufte eine Villa in Meran. Dieses schöne Haus wird dank der Energie einiger weniger Tatkräftiger im September 2018 als erstes Villenmuseum der Stadt eröffnet werden.

Doch alles der Reihe nach: Fromm überlässt die väterliche Fabrik seinem Bruder Carl und wendet sich humanistischen Beschäftigungen zu. Er arbeitet zunächst in London, schreibt für Zeitungen, betreibt seine Studien. Er lernt in der katalanischen Hauptstadt Barcelona die Peruanerin Luisa Christina Hilliger Y Vernal kennen, die beiden heiraten im Jahr 1885 in Genf. Fromms Frau leidet an Epilepsie, das erste Kind, Alfonsino, stirbt mit vier Jahren. Der zweite Sohn, Jorge, ist behindert, er stirbt mit einundzwanzig Jahren an der Spanischen Grippe. Die beiden Töchter geraten wohl, der dritte Sohn, Paco, ist wieder leicht behindert. Die Kinder besuchen in Barcelona eine deutsche Privatschule – ein Umstand, der sie später befähigen wird, in Meran eine deutschsprachige Schule zu besuchen.

Inventarisierung: Das Interieur kehrt erst nach den Renovierungsarbeiten zurück.

Fromm ist sehr belesen, er spricht fünf Sprachen, darunter Catalán, aus dem er übersetzt; sein Geld verdient er als Weinhändler in Barcelona. 1904 stirbt seine Frau Luisa; wegen seines Herzleidens verbringt er ab 1905 jeden Winter in Meran. 1911 mietet die Familie (zu der auch Gouvernanten gehören) für zwei Jahre Schloss Riedenstein im Winkelweg, es gibt Familienfotos. Fromm holt über Triest alle seine Möbel sowie die Kunst- und Kunstgewerbesammlung nach Meran. Es dauert aber noch fast zehn Jahre, bis die Familie den Beschluss fasst, für immer hierzubleiben: 1922 kauft sie die im Heimatstil erbaute und von einem Park umgebene Villa Freischütz, Priamiweg 21. Fromm und seine Kinder sind jetzt im gutbürgerlichen Meraner Gesellschaftsleben integriert, die Tochter Luisa Isabel heiratet General Enea Navarini aus Cesena. Und von hier aus ergibt sich die Verbindung zur Gegenwart: Die Stiftung, die hinter dem geplanten Villenmuseum steht, heißt Fondazione Navarini-Ugarte, Stiftungsgründerin ist Rosamaria Navarini, Fromms Enkelin, die 2013 in Meran verstorben ist.[20]

---

20 *Siehe: http://www.fondnavug.org/. Die Stiftung Navarini-Ugarte ist eine Organisation ohne Gewinnabsicht, man kann das Museumsprojekt unterstützen. Die Beiträge werden zur Restaurierung der zahlreichen Kunst- und Kunstgewerbeobjekte der Sammlung verwendet.*

Fünf Personen sind in der Stiftung aktiv; dank der Freundlichkeit der Stiftungspräsidentin und Architektin Herta Waldner und der rührigen Kustodin Karin Pircher haben wir die einzigartige Gelegenheit, die noch nicht renovierte Villa in Augenschein zu nehmen. Mein Archivarinnen-Herz schlägt hoch: Die Sammlungen wurden in akribischer Arbeit Stück für Stück verzeichnet, denn die Renovierung kann erst vorgenommen werden, wenn das gesamte Interieur ausgelagert werden kann. Voraussetzung hierfür ist die Erstellung einer Inventarliste – eine enorme Arbeit, die sich angesichts der Fülle der Sammelstücke über Monate hingezogen hat. Die Liebe zur Sache gibt den Ausschlag, Ehrenamt wird dabei großgeschrieben, denn solch eine Arbeit könnte nicht eins zu eins bezahlt werden (wegen der hohen Kosten wird die Villa vorerst auch nur im Inneren renoviert). Während ich mich umschaue, verstehe ich, woraus sich die Liebe speist: aus dem vielversprechenden Flair dieser Villa und aus der Erinnerung an die Menschen, die hier gelebt haben.

Ich durchstreife die Villa und lasse das, was noch nicht in Kartons verpackt ist, auf mich wirken. Die antiken Kästen und Kommoden, mit kostbaren Intarsien und Beschlägen versehen, und die zierlichen Stühle und Tische stehen da wie vergessen, da und dort mit Spinnweben miteinander verbunden. Die Scheiben in den Kastenfenstern sind stellenweise fast erblindet, und doch strahlen sie etwas Helles aus, sie lassen den freudigen Blick ahnen, der von hier aus in den Garten mit dem dicht gewachsenen Buschwerk geworfen wurde, als draußen wie drinnen noch Leben war. Die Wand- und Deckengemälde sind farbig und gar nicht arg beschädigt, das Parkett glänzt immer noch matt und braucht nur einen feinen Schliff, bunt bemalte Nippes und Porzellanfigürchen in der intakten Vitrine scheinen freundlich zu nicken, als wären hier gerade erst junge Hände am Werk gewesen und hätten die Dinge ein wenig zurechtgerückt, damit sie mir gefallen. Das Silber- und

Porzellangeschirr sieht aus, als stünde es zum Gebrauch bereit, als werde es gleich zum Kaffeekränzchen in den Garten getragen. Exotische Exponate zieren das Kaminsims, gerahmte Malereien und prächtige Spiegel blinken von den Wänden. Dass der einstige Besitzer dieses Hauses in fernen Ländern gelebt hat und mit fremden Kulturen in Kontakt stand, lässt sich an diesem Interieur ablesen.

Ich laufe über die Treppen ins Erdgeschoss hinunter, das, zum Ferienapartment verwandelt, einmal etwas Geld für das Museum einspielen soll. Von hier aus geht es direkt ins Grüne hinaus. Ich trete in die Küche im Hochparterre, in der noch ein paar alte Utensilien auf der Kredenz stehen: porzellanene Aufbewahrungsbehälter für Salz und Gewürze, Bestecke und ein paar Kupfertöpfe. Das Badezimmer ist hübsch mit Wandapplikationen versehen, unter Dach stapeln sich schöne alte Koffer: Man ist damals herumgekommen.

Rosamaria Navarini soll zuletzt sehr zurückgezogen gelebt haben, und doch hat sie schließlich testamentarisch verfügt, dass auch andere Augen diese Schätze genießen sollen. Sowohl das Gebäude als auch sein Innenleben verweisen auf das goldene Zeitalter der Kurstadt Meran, sie sind Beispiele einer privilegierten Lebensweise, wie sie hier von vielen gepflegt wurde. In Zukunft wird die Villa Einheimischen und Gästen gleichermaßen offenstehen. Das Museumskonzept liegt – erarbeitet von der Berlinerin Ariane Karbe – schon auf dem Tisch …

Akademie deutsch-italienischer Studien. Villa San Marco in Untermais

Nicht erst ab Herbst 2018, sondern schon jetzt ist es möglich, eine andere Meraner Villa von innen zu sehen. Zu klar geregelten Öffnungszeiten kann man die Villa San Marco (vormals Schwalbenvilla) in der Innerhoferstraße 1 aufsuchen und so Bekanntschaft mit dem Baustil „alpenländisches Jägerhaus" machen. Dieser Jagdhausstil bedeutet, dass Villa und Garten ideell in Verbindung sind und die räumliche Kontinuität von innen nach draußen betont wird – was im vorliegenden Fall angesichts des wunderschönen Gartens unbedingt ein Vorteil ist.

Die Villa San Marco – einst privat, dann im Besitz des italienischen Staates – ist heute nach entsprechender Renovierung und Adaption der Sitz der *Akademie deutsch-italienischer Studien*, die aus dem ab 1949 aktiven *Deutsch-italienischen Kulturbund für Südtirol* hervorgegangen ist. Kultureller und wissenschaftlicher Austausch zwischen dem deutsch- und italienischsprachigen Raum wird hier gefördert. Der Geist der Akademie – Kultur kennt keine Barrieren – geht u. a. auf den Begründer und langjährigen Direktor Luigi Cotteri und seinen Sohn Roberto zurück; zur Geschichte der Akademie ist auch ein konsequent zweisprachiger Katalog erschienen. Vor dem Bezug der Villa in den 1990er-Jahren hatte man im Haus der

Die Villa San Marco hat großes kulturelles Potenzial und ist öffentlich zugänglich.

Sparkasse (in der Sparkassenstraße) seine Adresse. Die Veranstaltungen fanden über viele Jahre im Kongresssaal des Hotels Bristol statt. Damals war der italienische Staat noch stärker involviert und die Akademie verfügte über bezahltes Personal – etwa eigens für die Akademie abgestellte Lehrer. So etwas gibt es heute freilich nicht mehr.

Trotzdem: In diesem schönen Haus werden internationale Symposien und Seminare abgehalten, im Laufe der Jahre wurde zu zahlreichen Tagungen, Ausstellungen, Gesprächsrunden und Konzerten geladen. Auch wird die Vernetzung mit Universitäten im In- und Ausland vorangetrieben. Traditionell liegt der inhaltliche Schwerpunkt der Veranstaltungen im Bereich der Geisteswissenschaften (Philosophie vor allem, aber auch Literatur und Kunst), doch vermehrt werden auch Themen aus den Wirtschafts- und Sozialwissenschaften, der Rechtswissenschaft und verschiedenen naturwissenschaftlichen Disziplinen behandelt. Die zentral gelegene Villa und ihr Park sind offen zugänglich – Bibliotheksbenutzung inklusive.

Die Aktivitäten der Akademie sind selbst MeranerInnen nicht immer bekannt. Man arbeitet hier ehrenamtlich oder wird von anderen Institutionen finanziert, damit sind den

Perfekt eingerichtet: Im Veranstaltungsraum finden Vorträge, Tagungen und Lesungen statt.

Aktivitäten, die vom Haus selbst ausgehen, von vornherein Grenzen gesetzt. Kooperationsvorschläge sind aber willkommen, die Villa San Marco steht allen offen, die hier Veranstaltungen durchführen wollen, die mit den Zielsetzungen des Vereins in Einklang stehen. Mit ihrer deutsch-italienischen Ausrichtung, die von Anfang an zentrales Anliegen war, hat die Akademie allerdings keinen leichten Stand in einem Land, in dem kulturelle und wissenschaftliche Förderungen nach Sprachgruppen getrennt sind. Niemand fühlt sich da so richtig zuständig, die Öffentlichkeitswirksamkeit wird aus ähnlichen Gründen erschwert. Das wirklich Zweisprachige, das Hören der einen Sprache auf die andere, so der derzeitige Direktor Ivo De Gennaro, hat es in Südtirol, wo sich alles um Sprache dreht, auch im Bereich der Kultur nicht eben leicht. Auch ist die Akademie gewissermaßen extraterritoriales Gebiet – politisch, religiös und weltanschaulich unabhängig; der Charakter der Freiheit hat diesen Ort immer ausgezeichnet.

Ein besonders interessantes Projekt wurde 2016 gestartet, und zwar die Etablierung einer Euregio-Forschungsplattform zum Thema Menschenrechte: Ärztetagungen, Doktorandenkollegs oder Sommerschulen – was immer mit Menschenrechten zu tun hat, findet hier ein Dach. Dieses wichtige Thema soll so über die nächsten Jahre intensiv reflektiert, Initiativen dazu sollen gebündelt werden. In der Villa wurde auch in Zusammenarbeit mit Mary de Rachewiltz ein Ezra-Pound-Zentrum etabliert: Zwar befindet sich der Pound-Nachlass an der amerikanischen Universität Yale, doch auch auf der Brunnenburg, die ebenfalls über eine Sammlung verfügt, wird die Pound-Forschung vorangetrieben. Das Pound-Zentrum an der Akademie möchte Forschungs- und Editionsprojekte fördern und eine Pound-Bibliothek aufbauen.

Ich wandere durch die Villa mit ihren auf drei Stockwerke verteilten 400 Quadratmetern. Balkone und Terrassen führen immer wieder ins Freie, der Garten liegt zwischen zwei verkehrsberuhigten Straßen angenehm friedlich. Es gibt im Gebäude mehrere Büroräume, ein Zimmer führt in das nächste, das zentrale Treppenhaus ist offen, wodurch das Haus sehr kommunikativ wirkt. Im oberen Stock hat man durch die Zusammenlegung von drei Räumen einen kleinen, sehr schönen Veranstaltungssaal eingerichtet. Im Erdgeschoss wird ein großer Raum für Ausstellungen bereitgehalten – das Publikum kann direkt vom Garten eintreten. Immer wieder finden hier Studierende aus dem Ausland einen Praktikumsplatz und das Haus wurde schon als Schauplatz für einen Film genutzt: 2016 drehte man hier Szenen des biografischen Films *Lou Andreas-Salomé* über die Schriftstellerin und Psychoanalytikerin eben dieses Namens.

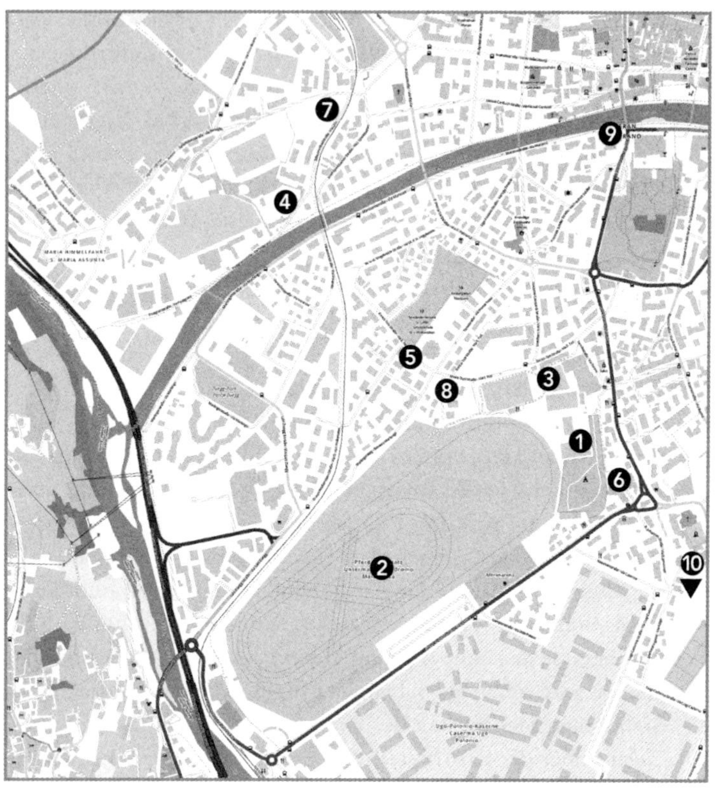

1 *Camping Meran*
2 *Pferderennplatz*
3 *Tennisplätze / Sportanlage*
4 *Lido*
5 *Enrico-Toti-Straße*
6 *Piavestraße*
7 *Bersaglio*
8 *Trattoria Da Dante*
9 *Hotel Meranerhof*
10 *Semirurali*

Camping, Pferdegalopp und Lido

Radwege durchs andere Meran

Körperliche Ertüchtigung war und ist großgeschrieben

Wo man ein Fahrrad fährt, ist man zu Hause; das Fahrrad ist das beste Vehikel zum Heimatgefühl – das ist natürlich mehr ein Gefühl als eine Tatsache. Tatsache ist aber, dass man heutzutage in fast jeder Stadt ein Rad leihen kann, in Meran muss man dafür nicht einmal bezahlen: In der Piavestraße (Buswendeplatz) und am Bahnhof können von April bis Oktober (nur bei trockenem Wetter) von 9 bis 19 Uhr gegen eine Kaution von fünf Euro und Hinterlegung des Personalausweises Fahrräder, Fahrradhelme und Kindersitze geliehen werden – eine Dienstleistung der Gemeinde Meran. Apropos sparen: Wir lieben es, in Meran zu campieren. Dabei gehören wir nicht zu den Campinggästen, die im Campingbus das gesamte heimische Küchenarsenal mitführen; wir bereiten uns in unserem alten kuscheligen VW-Bus nur ein Frühstück zu. Der Campingplatz, von dem ich hier aus Erfahrung rede, ist ein schlicht mit *Camping Meran* benannter, zentral gelegener, räumlich begrenzter, sehr sympathischer Platz in der Piavestraße, in direkter Nachbarschaft zum Pferderennplatz. Hat man sich erst einmal dorthin zurückgezogen, indem man ein Zelt aufgestellt oder den Wagen parkiert und die Fahrräder

Das riesige Eingangstor zum städtischen Campingplatz: ganz im Stil des italienischen Faschismus

abgenommen hat, hört man nur noch das Rascheln der mächtigen Pappelkronen im Wind. Diese Bäume stehen eingangs Spalier und freuen sich offenbar, dass man wiedergekommen ist. Und an der Rezeption sitzt manchmal ein gewisser Cocco, mit dem wir uns gerne unterhalten und der uns seine jüngsten Motorradausfahrten schildert.

Auch auf diesem Platz kann man die – sich in den letzten zwei Jahrzehnten mächtig verändert habenden – Campinggewohnheiten studieren. Man hat auch hier wie anderswo auf Campingplätzen alles dabei, Tisch, Stühle, Liegen, Matratzen, Pölster, Grillstationen etc., aber da der Campingplatz klein ist, hält sich das alles in Grenzen. Und irgendwie hat man in Meran immer die rosa Brille auf der Nase, gnädig sieht man über die eine oder andere Spießigkeit hinweg, findet sie vielleicht sogar sympathisch. Die sanitären Anlagen, die Toiletten und Duschen, sind neu und sauber; da die großen Camper ihre eigene Dusche mitführen, hat man sie meistens für sich. Doch das Beste ist etwas ganz anderes: In dem ohnehin niedrigen Campingplatzpreis (der Platz ist subventioniert, er wird von der Kurverwaltung geführt) ist der Zugang zu einem kleinen, feinen Schwimmbad inkludiert. Wie im Garten eines besseren Hotels lungert man auf Liegen unter stattlichen Sonnenschirmen und freut sich bei anregender Lektüre des beschaulichen Nachmittags. Der Straßenlärm bleibt abgeschirmt. Wenn man morgens aufwacht, hört man gedämpftes Pferdegetrappel – nebenan wird immer frühmorgens trainiert. Späht man durch die Hecke, kann man das eine oder andere Pferd, den einen oder anderen bunt gekleideten Jockey vorbeiflitzen sehen.

Nach dem Frühstück geht man spazieren, im Grünen natürlich, man hat nämlich eine parkähnliche Anlage praktisch vor der Tür: die mehr als hundert Jahre alten Sportanlagen mit Tennisplätzen und hübsch angelegten Spazierwegen, alles schön gepflegt, mit Bänken zum Rasten, Zusehen oder Weiterdösen – oder zum Sich-Vertiefen in die Geschichte dieses Ortes: Um 1900 erhielt Mais diese Sportanlage, die wohl größte des damaligen Kronlandes Tirol. Im Herbst 1910 hob der Heißluftballon *Tirol* vom Sportplatz ab und wurde zur Sensation. Auf diesem Areal spielte man damals schon Tennis, auch die Damen (in langen Röcken und mit Hüten), das kleine hübsche Tennishäuschen verbreitet noch heute das Flair jener Jahre. Man hatte außerdem eine Radrennbahn, ein Kricket- und ein Fußballfeld. Selbst Radpolo-Matches wurden ausgetragen, außerdem Rennen für große und kleine Hunde sowie ein Hürden- bzw. Hindernisrennen für den Vierbeiner. Im Winter genoss man es, auf einem künstlich angelegten See eiszulaufen, es gab auch Eiskunstlaufbewerbe. Sport und Spiel waren also für Mensch und Tier großgeschrieben, sie gehörten zum Kurprogramm. Das Haus, das links bei der Campingeinfahrt steht und ein Chinarestaurant beherbergt, heißt heute noch *Haus Sportplatz*.

Im Sommer packen wir manchmal die Badehose ein und radeln zum Schwimmen – auswärts, aber nicht in die Therme, sondern in den sogenannten Lido. Nichts gegen das Therme-Freibad, es spricht durch eine hügelartige Anlage an und zeichnet sich durch Piniengruppen, einen künstlichen Teich

Die begrünten Stufen nahe der mondänen Therme Meran ermöglichen ein erfrischendes Flussbad in der Passer.

mit Seerosen und Holzbrücke, einen eigenen Schildkrötenteich und diverse Wasserbecken (warm, kalt, quirlig oder eher ruhig), durch Kneippkur-Areale (Bein-, Arm-, Ganzkörper-Kneippbecken) sowie eine Schule des barfüßigen Gehens (über Holzsplitter, runde und spitze Steine) aus. Wer aber wie wir lieber einfach nur in der Sonne liegt oder schwimmt, ist mit dem Lido besser beraten und spart überdies Geld. Außerdem: Ein Lido ist jeder Wellnessanlage an Authentizität der Badekultur, an Geschichte und Gemütlichkeit überlegen.

Wie schön, am Campingplatz aufs Fahrrad zu steigen und loszuradeln. Die Fahrtstrecke kann sich sehen lassen: Ohne die Piavestraße zu tangieren, radeln wir die Tennisstraße entlang, queren die Totistraße und nehmen die Leopardistraße bis zur Passer; wir überqueren den Fluss und rollen die Passerpromenade stadtauswärts, rechter Hand die herrlichsten Villen, die man sich nur denken kann, schöne große Bäume, Gärten. Bald kommen wir zur Bahntrasse, die wir nun überqueren, um rechter Hand beim Lido anzukommen. Der ist schon von außen einladend: ein altes Gebäude, ein altes Tor, Rundbogen und Türmchen. Im Inneren (die Damen gehen nach rechts, die Herren nach links, ich liebe das) noch die alten Kabinen, die alten Schlösser der Kabinen; alles klein wie ehedem, aber gut in Schuss gehalten, die Holzkabinen frisch lackiert, der Boden sauber.

Man betritt das Bad unter einem Kranz von Glyzinien, wohlgemerkt: von uralten Glyzinien. Die dicken Stämme ranken sich an Pfosten empor und werfen ihre dichte Blätterpracht über die hier angelegten Holzarkaden. Ich stelle mir vor, wie es hier im Frühling geblüht haben muss. Diese herrliche Pflanze fand man früher im Lido überall, nicht nur hier im Eingangsbereich; sie war eine Art Wahr- oder Markenzeichen. Wohl aus diesem Grund wird sie jetzt da und dort wieder gepflanzt.

Links und rechts vom Eingang erstrecken sich Reihen von Saisonkabinen, es sind noch die alten Holzkabinen, dunkel gebeizt, einige Zierelemente in blauer Farbe. Ich weiß es von früher: Sie sind vollgestopft mit allerlei Badeutensilien für die ganze Saison. So eine Kabine ist gewissermaßen das Sommerfrischehäuschen für die nicht allzu betuchte Familie. Geradeaus sehe ich das große Becken, durch die Beckenlackierung tiefblau.

Die alten Umkleidekabinen im Lido blieben zum Glück erhalten, sie wurden vorsichtig restauriert, auch die alten Glyzinien durften bleiben.

Früher sah man in den Bädern überall die *bagnine*, die Badefrauen, die die Anlage sauber hielten und Ansprechpartnerinnen für alles Mögliche (und Unmögliche) waren. Diese Frauen waren Institutionen. Heute wachen im Meraner Lido junge Bademeisterinnen und Bademeister in sportlichen Dressen und ausgerüstet mit Walkie-Talkies. Auch sonst gibt es allerhand Neuzeitliches: ein terrassiertes Becken-Rundum zum Beispiel, eine kühne Rutschbahn mit Mehrfachschleifen. Man spürt den Bruch, akzeptiert ihn aber, und auch die Duschen unter den neuen Terrassen genügen den Ansprüchen der Gegenwart. Und was die Erlebnisrutschbahn angeht: Sie ist zwar eine regelrechte Faust aufs Auge, aber für die Kinder da, also in Ordnung.

Man mag sich fragen, was es mit dem Begriff, der den Lido von Venedig zitiert, auf sich hat, warum das Meraner Schwimmbad so heißt. Wegen der positiven Konnotation natürlich! Das helle Licht, die Wärme, die Lebensfreude und das Flair der venezianischen Lagune wurden bereits in den 1920er-Jahren für britische Freibäder importiert – schon damals pflegte man die klassische Bauweise mit Säulenpavillons, Pergolen und Kabinenfluchten, stets mediterran inspiriert, aber doch eigentlich recht bodenständig.

Das Meraner Schwimmbad wurde direkt an der Passer bereits 1931 eröffnet, es hieß zunächst profan *bagno comunale* (Gemeindeschwimmbad), wurde aber bereits 1937 in Lido umgetauft. Der Zauber des bürgerlichen, oft kleinbürgerlichen Sommergenusses, versetzt mit einem Hauch von proletarischem Freiheitssinn, kommt in diesem Begriff zum Ausdruck. Lido bedeutet Spiel und Sport für jedermann (und -frau), ist ein Zentrum für Sportbegeisterte und tatsächlich Trainierende, ist Ort für Kontakt und gesellschaftliches Leben. Lido bedeutet Ausruhen von der Arbeit: Hier findet nicht Wellness, sondern Regeneration statt, natürlich auch Ertüchtigung – im Wasser und auf dem Sprungturm oder Trampolin. Es ist einfach ein Platz für Vergnügungen aller Art.

Schwimmbäder, schreibt Paul Rösch in seinem höchst unterhaltsamen, aber leider vergriffenen Lido-Buch[21], entstanden grundsätzlich in der Nähe von Flüssen, von deren Wasser sie gespeist wurden. Das eiskalte Wasser musste sich in der Sonne erwärmen; wurde frisches Wasser eingelassen, war das Vergnügen einige Tage lang recht frostig, daran erinnere ich mich noch. Später wurde das Wasser, bevor es ins Schwimmbecken kam, erwärmt und von Sand befreit, durch eine Art Zwischenbecken nämlich. Trotzdem erreichte die Wassertemperatur anfangs nur vierzehn Grad.

In Meran ist man damals bereits in der (eiskalten) Passer geschwommen. An bestimmten Stellen wurde Wasser gestaut und konnte sich so erwärmen. Es gab sogar eine private Initiative im öffentlichen Interesse, den Passer-Fritz, der im Flussabschnitt nördlich der Gilfenklamm durch Aufstauen von Wasser einen privaten Lido bei freiem Eintritt anbot. Das Schwimmen beim Passer-Fritz war äußerst beliebt, vor allem bei jenen, die sich den Eintritt in den Lido nicht leisten konnten. Und es war ein Ort, an dem man ganz unter sich war. Der Betrieb hatte keine offizielle Genehmigung; dass Fritz Kaneider vom Verkauf von Eis und Getränken lebte, wurde punktuell bekämpft, schlussendlich aber geduldet. 1995 wurde dem Mann die Ehrennadel der Stadt Meran verliehen, weil er über viele Jahre eine Erholungszone bei gleichzeitiger Schonung der Natur geschaffen hatte.

Schwimmen und Fliegen fasziniert uns Menschen seit jeher, wobei man viel leichter zum Schwimmen als zum Fliegen kommt, man braucht nur einen See, eine Mulde im Bach, eine gefüllte Schottergrube, einen natürlichen Wasserfall. Schwimmen bedeutet aber auch Sicherheit im Falle einer Überflutung. Das einfache Vergnügen und die Notwendigkeit hat man mit

---

21 *Paul Rösch: Meraner Badegeschichten. Vom Strandbad zum Lido / Merano balneare. E cosí nacque il Lido. Bozen: Athesia 2007.*

Hier schwimmt man in Bahnen: Das Becken mit den Olympiamaßen macht dem Meraner Lido alle Ehre.

der Gründung von Schwimmschulen gleichermaßen im Auge gehabt. Viele MeranerInnen lernten das Schwimmen im Hallenbad des Kurmittelhauses in der Otto-Huber-Straße. Dass darüber hinaus Schwimmen ein Spitzensport und eine olympische Disziplin ist, sieht man (anders als in der Therme) auch im Lido Meran: Das Hauptbecken weist olympische Maße auf, eine Bahn ist durch eine Trennleine den Schnellschwimmern reserviert. Weitere Trennleinen sind aufgerollt am Beckenrand zu sehen, und das bedeutet, dass im Lido auch Schwimmwettkämpfe stattfinden. Die 1971 in Meran geborene Edith Niederfriniger hat ihre internationale Sportkarriere als Schwimmerin begonnen und es schließlich als Triathletin an die Weltspitze geschafft. Und der Film- und Schwimmstar Carlo Pedersoli, bekannter als Bud Spencer, trainierte 1952 in Meran – Paul Rösch publizierte in seinem Lido-Buch ein Foto des damals noch jugendlichen Haudegen: beim anspruchsvollen Schmetterlingsschwimmen.

Nach dem Schwimmen ist man meist hungrig und durstig. Hätte das *Bersaglio* seinen Betrieb nicht eingestellt, würden wir jetzt dort auf ein Bier einkehren. Das Bersaglio war

Als es noch geöffnet war: das Bersaglio mit Restaurant- und Cafè-Betrieb auf der großzügigen Veranda

bis vor Kurzem eines der selten gewordenen Arbeiter-Restaurants, das Gebäude befindet sich nicht weit vom Lido entfernt in der Schießstandstraße. Es war ein Ort für Stadtviertelbewohner, für *ferrovieri* (Eisenbahner) und daneben auch für die Jugend, für Alternativdenkende. Untergebracht in einem geschichtsträchtigen Gebäude mit besonderem Flair, war das Bersaglio ein beliebter Treffpunkt. Das Haus, bestehend aus zwei symmetrisch gegenüberliegenden Gebäudeflügeln und einer über die ganze Breite vorgebauten Unterdach-Terrasse, war ursprünglich das Gebäude eines der beiden damals aktiven Schießstände, gebaut noch Ende des neunzehnten Jahrhunderts, also zu K. u. K.-Zeiten. Hier wurden einst Soldaten beherbergt; in der Faschistenzeit war das Haus gar gut genug, um den Kronprinzen Umberto II. von Savoyen bei seinem Besuch in Meran feierlich zu begrüßen. Seit den 1950er-Jahren als gastronomischer Familienbetrieb geführt, wurde es vor einigen Jahren dem Meraner Sportclub übergeben. Die Familienerben führten bis vor Kurzem das Restaurant weiter, doch das Geld reichte wohl nicht für eine Renovierung, und so zeigte sich das Bersaglio zuletzt mit der Patina des bevorstehenden

Untergangs, was man durchaus genießen konnte. Im Inneren lockten eine große Bar, mehrere Jukeboxes und im Hinterzimmer drei Billardtische. Hier fanden – initiiert von Meraner Kulturtreibenden – immer wieder auch kulturelle Veranstaltungen statt, es spielten Bands, es wurde getanzt und Filme wurden gezeigt. Aber auch wenn gar nichts stattfand, war das Lokal einen Besuch wert: An diesem lauschigen Ort mit einem Bier auf der Terrasse zu sitzen, mit Blick auf den Vorplatz mit großen Kastanienbäumen, auf dem regelmäßig Flohmärkte ein alternatives Publikum anzogen, war über alle Maßen geruhsam; dieses gewisse Etwas, das Bersaglio-Feeling eben, kann man nicht anders als schmerzlich vermissen. Nun wartet das Gebäude auf eine neue Bestimmung.

Wir beschließen, ein spätes Mittagessen in der Trattoria *Da Dante* einzunehmen, einem Restaurant, das direkt am Pferderennplatz liegt (Zufahrt von der Enrico-Toti-Straße; es gibt auch einen Parkplatz) und guten Fisch anbietet, aber auch feine Nudelgerichte frisch zubereitet. Untergebracht ist es interessanterweise unter einer (ehemaligen) Rennbahntribüne.

Die Semirurali und das Arbeiterdorf Sinich

Im Lido haben wir Paul, einen Bekannten, getroffen und wurden für den Nachmittag auf einen Kaffee eingeladen. Bei ihm zu Hause in den Semirurali – einem kleinen Stadtviertel, das in den 1930er-Jahren errichtet wurde (südlich der Pfarrgasse: Wiesenweg und Bäckergasse). Paul besitzt dort ein Viertel eines Semirurali-Hauses, die Wohnung ist klein, aber schön hergerichtet – und sie hat, wie alle Semirurali-Häuser, einen Garten mit Schuppen: Hier wird gelebt und Gemüse angebaut. Sogar der Waal fließt an Pauls Grundstück vorbei. Die Gegend ist wunderbar ruhig.

Wir trinken Kaffee und lassen uns erzählen, wie er zu diesem heute raren Kleinod gekommen ist. Die ehemaligen Arbeiterhäuser, alle nach dem exakt selben Grundriss errichtet und jeweils in vier Parzellen geteilt (zwei unten, zwei oben, jede Einheit mit eigenem Gärtchen), wurden in jüngerer Zeit nach und nach an Pärchen oder Einzelpersonen verkauft. Sie erzählen die Geschichte der Italianisierung der Südtiroler Bevölkerung und erinnern an das Ziel der Faschisten, aus den Städten dieser Region italienische Städte zu machen. Denn parallel zur Industrialisierung wurde ein umfassendes Wohnbauprogramm zugunsten der zugewanderten Arbeitskräfte aus Italien vorbereitet. Das betraf

Immer mehr Häuser im Semirurali-Viertel werden im Inneren den heutigen Wohnbedürfnissen angepasst.

freilich in erster Linie Bozen, in dessen Süden eine Industriezone wuchs und ebenfalls Semirurali entstanden.

Die Semirurali wurden zum ideologischen Aushängeschild des städtischen Wohnbaus der Faschisten. Die Wohnungen waren für eine mehrköpfige Familie zwar klein, aber jede Familie bekam ein kleines Gartengrundstück, was der Siedlung ihren halb ländlichen (semiruralen) Charakter verlieh. Das Konzept hatte zum Ziel, dass sich die Arbeiterschaft durch Gemüseanbau bis zu einem gewissen Grad selbst versorgte – die Löhne waren gering, das Konzept daher sehr attraktiv. Durch das nach außen abgegrenzte Kleinstadt-Siedlungsmodell wurde den oft negativen Auswirkungen von Industrialisierung und Bevölkerungskumulierung entgegengewirkt.

Der im Süden Merans befindliche Ortsteil Sinich geht auf dieselbe Zeit zurück und war *das* Industriezentrum im Burggrafenamt. Die sumpfigen Wiesen im Talboden dieser Gegend wurden von der faschistischen *Opera nazionale combattenti* erst trockengelegt, dann besiedelt. Gebaut wurden Wohnsiedlungen, Schulen und Kindergärten, auch hier für die aus Italien zugewanderten Arbeiterfamilien. Sinich war der alte Name, die

Siedlung nannte man aber *Borgo Vittoria* (Dorf des Sieges), ein Name, der nicht mit den realen Verhältnissen übereinstimmte. Denn die italienischen Arbeiter, die angelockt von Versprechungen des Regimes und um der Armut in ihren Herkunftsdörfern zu entkommen in den *Alto Adige* kamen, sahen sich bald im Zwiespalt und einem feindlich gesinnten Umfeld ausgesetzt: Sie waren Vertriebene und wurden doch zu Besetzern.

Die hier angesiedelten Familien arbeiteten vor allem in der nahen Stickstofffabrik Montecatini. Die Arbeit in der Fabrik war aufgrund der unkontrollierten Gas-Emissionen und der viel zu geringen Sicherheitsvorkehrungen gefährlich. Wer in Sinich nicht nur arbeitete, sondern auch wohnte, war diesen Emissionen den ganzen Tag ausgesetzt. 1925 baute der Großkonzern Montecatini in Marling ein eigenes Kraftwerk. Doch nicht nur im Meraner Talboden, auch in den Tälern wurde ohne Rücksicht auf Natur und Umwelt investiert. 1939 etwa reichte Montecatini ein Projekt ein, den Reschen- und Graunersee um zweiundzwanzig Meter zu stauen, die ortsansässigen Bauern wurden nicht gefragt. Der Zweite Weltkrieg verzögerte das bereits angefangene Bauvorhaben, doch nur zwei Jahre nach Kriegsende wurde gegen den Willen der Bevölkerung die Arbeit am Stauprojekt wiederaufgenommen. Der Kirchturm, der in Graun noch aus dem Wasser schaut, ist Signal und Attraktion in einem.

Was die Emissionen der Stickstofffabrik angeht, so machten diese nach dem Zweiten Weltkrieg auch der Meraner Stadtverwaltung Sorgen, denn wie sollte sich die Stadt wieder als Kurort etablieren können, wenn die Luft verpestet war. Dieses Problem konnte man erst allmählich beseitigen. Heute ist die Düngerfabrik längst geschlossen, stattdessen hat der Solarzellenhersteller Memc eine wichtige Produktionsstätte in Sinich – hier wird auch im Bereich der erneuerbaren Energien und anderer Zukunftstechnologien geforscht. Sinich selbst hat seinen dörflichen Charakter behalten.

Auch die Semirurali in Meran wirken wie ein Dorf, abgetrennt von der städtischen Umgebung. Paul, der zur jüngeren Generation gehört, erzählt, dass die Semirurali-Siedlung noch in seiner Jugend unter der deutschsprachigen Untermaiser Bevölkerung als rein *walsch* galt. An der Pfarrgasse verlief stillschweigend, aber umso mächtiger eine Grenze. Die deutschsprachigen Kinder der Umgebung überschritten diese Grenze nicht, man mied die betreffenden Straßen und Wege, man vermischte sich nicht. Diese Geschlossenheit war schon in der Entstehungszeit der Semirurali von ihren Initiatoren durchaus beabsichtigt, sie sollte ebenso wie die Einheitlichkeit (man kann geradezu von Uniformierung sprechen) das Zusammengehörigkeitsgefühl der Menschen aus den verschiedenen italienischen Städten und Regionen stärken. Heute ist die Trennung aufgehoben, die Lebensqualität in den Semirurali ist hoch, weshalb Häuschen und Wohneinheiten heiß begehrt sind.

Der Große Preis – von Pferdewetten und galoppierenden Entwicklungen

Zur italienischen Kultur gehört auch der Pferderennplatz, *l'ippodromo*. Nimmt man auf der Tribüne der Rennbahnstrecke Platz, so sticht einem als Erstes das Gebirgspanorama ins Auge – zumal wenn das Wetter schön ist. Man blickt geradewegs Richtung Mutspitz, erkennt den Mutkopf und die darunterliegenden Muthöfe. Man weiß, dass sich in den dahinterliegenden Gebirgsfluchten der Texelgruppe das einmalige Gebiet der Spronser Seen befindet. Oben zieht es den Blick in die Weiten der Berge hinaus, unten überblickt man das riesige Oval des noch leeren Rennplatzes. Schon allein deshalb muss man einmal hier gewesen sein.

Ich habe fünf Euro auf ein Pferd gesetzt, um mich im Verlauf der gestaffelten Rennen nicht womöglich zu langweilen. Soeben sehe ich, dass sich unten etwas abspielt: Auf der linken Tribünenseite hat im Vorführring das Pferdeschaulaufen begonnen. Ich will dabei sein und gehe hinunter, obwohl ich damit vermutlich meinen guten Platz verliere. Egal, die Pferde aus der Nähe zu betrachten ist wichtiger. Es ist ein durchschnittlicher Renntag, wie sie im Sommer regelmäßig stattfinden. Der *Große Preis* lässt noch auf sich warten, er findet erst

Zur Eröffnung des Großen Preises passiert ein Hubschrauber ganz langsam die VIP-Tribüne und hisst dabei die italienische Fahne.

Ende September statt. Die Durchsagen über Lautsprecher lassen aufhorchen: Pferd soundso mit Jockey soundso gehen demnächst an den Start. Ich habe eine Zeittafel mitgenommen und weiß, dass „mein Pferd“ erst in der fünften Staffel starten wird. Es wird, wie sich später zeigen wird, gewinnen, was reiner Zufall ist; ich werde für den Einsatz von fünf Euro einen Gewinn von 13,50 Euro beim Wettschalter abholen und damit sehr zufrieden sein. Es geht nicht um Geld, es geht um die Abläufe, ums Dabeisein, um das Hinfiebern und die Begeisterung, auf das richtige Pferd gesetzt zu haben.

Der Pferderennplatz wurde zur Zeit des Faschismus Mitte der 1930er-Jahre gebaut. Als die Faschisten das touristische Potenzial der Stadt erkannten, begannen sie durch Baumaßnahmen (etwa durch die Verlängerung des Tappeinerweges, durch den Bau des Musikpavillons an der Passer oder der Pferderennstrecke) sowie durch konkrete sportlich-kulturelle Initiativen eine gehobene Klientel anzulocken. Geplant wurde die Anlage vom Stararchitekten Paolo Vietti-Violi, der auf Sportarenen spezialisiert war. Die Meraner Anlage ist nur von der Platzgröße her monumental, die Gebäude sind in klarem sachlichem Stil gehalten. Man kann nichts daran aussetzen, außer dass sie gegenwärtig etwas vernachlässigt zu sein scheinen; trotzdem goutierten die MeranerInnen dieses Bauwerk von Anfang an nicht – es war faschistisch und konnte damals weder als gute Architektur noch als Chance für die Stadt wahrgenommen werden.

Ob von den MeranerInnen geliebt oder nicht, die Pferderennen fanden statt, und das nicht ganz ohne die deutschsprachige Bevölkerung. Schließlich hatte es in der Stadt schon lange vor dem Faschismus solche Rennen gegeben, sie waren Tradition und unverzichtbar. Das erste Pferderennen hatte – auf der Wiese des renommierten Grandhotels Meranerhof – im April 1896 stattgefunden. Das Rennen hatte einem wohltätigen Zweck gegolten und die Besitzer der antretenden Haflingerpferde waren Bauern, die in Tracht erschienen. Diese Bauernrennen fanden Gefallen, und so wurde schon das zweite Rennen vom damals neu gegründeten *Meraner Reitklub* organisiert.

Noch in den 1890er-Jahren wurde eine Rennbahn projektiert und umgesetzt. Das zweite Rennen auf der neuen Strecke, es

Eine spektakuläre Aussicht bietet sich von den Tribünen aus.

Der rasante Galopp wird über die Lautsprecher angefeuert.

fand am 1. Mai 1900 statt, war bereits international ausgelegt – eine rasante Entwicklung also. Mit der Auslobung von Preiswettläufen zog man Teilnehmer und Publikum aus aller Herren Länder an, was dem Fremdenverkehr naturgemäß Schubkraft verlieh. Doch neben den neu erdachten Trabrennmeetings, Herrenreitmeetings oder wie sie alle hießen fanden weiterhin die beliebten Bauernrennen der Haflinger statt. Glühlampen, Lampions und Bogenlampen sorgten für ein einladendes Ambiente. Man zeigte damals auf der Rennstrecke nicht nur Sportlichkeit, sondern auch Eleganz, führte die neu erworbenen Roben und Hüte aus. Schon zwei Jahre nach der Eröffnung des Rennplatzes (und der Sportanlagen insgesamt) waren die Rennen aus der Stadt nicht mehr wegzudenken. Doch dann kam der Krieg. Die Kurvorstehung konnte sich zwar noch bis 1923 halten, musste dann aber den neuen Potentaten weichen.

Pferderennen waren naturgemäß immer schon etwas für die gehobene Gesellschaft, sowohl was die Austragenden als auch was die Sponsoren und das Publikum anlangte. Heute ist das noch genauso, nur das Publikum ist sehr viel breiter geworden. Das Geschäft mit den edlen Pferden, die schnell laufen können oder gut darin sind, diffizile Hindernisse zu bewältigen

Wie die adeligen Damen des 19. Jahrhunderts: Beim Großen Preis wird den auswärtigen Besuchern etwas geboten.

beziehungsweise überhaupt den Befehlen ihrer Züchter, Besitzer und Reiter aufs Wort zu gehorchen, ist nach wie vor vermögenden Leuten vorbehalten.

Die Frage ist, welche Einnahmen so ein riesiges Unternehmen erzielen muss, um den Rennbetrieb über Jahrzehnte hinweg aufrechtzuhalten. Dem Meraner Rennsport half das römische Finanzministerium, die Finanzierung wurde durch eine spezielle Organisationsform gesichert. Aber auch das Publikum half: Beim Großen Preis, das zeigen alte Fotos, waren die Tribünen bis auf den letzten Platz besetzt.

Seitdem ist viel Zeit vergangen, haben zahlreiche Glanzstunden des Meraner Rennsports Geschichte geschrieben. Aber auch der heutige Große Preis (jüngst wiederbelebt) knüpft an die Tradition an. Berittene Carabinieri eröffnen das Spektakel, indem sie durch die Stadt reiten, auf dem Platz wird den Sponsoren in noblen Pavillons gehuldigt, teure Weine werden direkt an der Rennstrecke in großen Kelchen gereicht – und selbstverständlich kartonweise verkauft. Viele Damen tragen nostalgisch festliche Kleider und fantasievolle Hüte (teilweise Riesenhüte, mit Blumen oder Federn dekoriert), manche Herren tragen Frack, freilich nicht schwarz, sondern sommerlich grau. Selbst der graue Zylinder fehlt nicht.

So weit also die Highlights, insgesamt ist es aber in jüngerer Zeit um das Geschehen auf der Rennstrecke sehr viel ruhiger geworden. Die Gemeinde Meran hat immer wieder Überlegungen angestellt, wie das große Areal auch noch für andere Events genützt werden könnte. Man hat eine große Blumenausstellung organisiert, zur Wiederholung kam es nicht. Seit der umtriebige süditalienische Unternehmer Giovanni Martone die Führung des Rennplatzes übernommen hat, tut sich aber wieder etwas mehr – es sei daher empfohlen, einen Blick auf den Rennkalender zu werfen (auch im Internet unter www.ippodromomerano.it zu finden). Dabei wird man sehen, dass den ganzen Sommer über nicht nur Pferderennen, sondern auch Musikveranstaltungen auf dem Areal stattfinden.

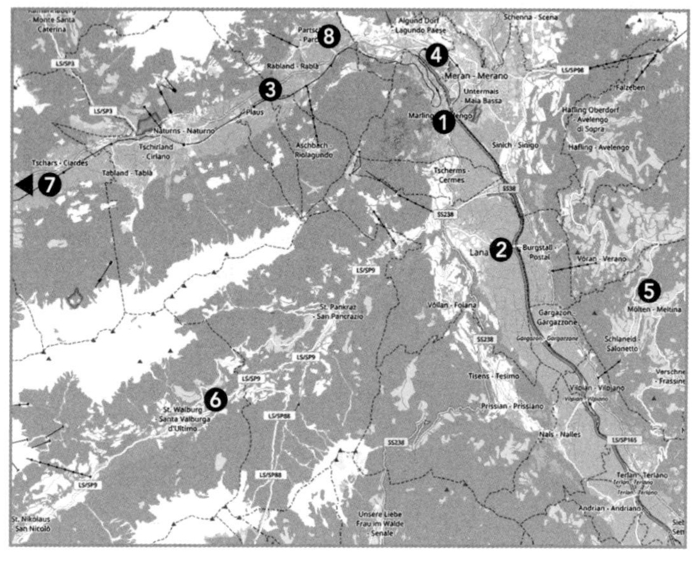

1 Marling, Kunstgießerei Dirler
2 Kunsthalle Eurocenter, Lana
3 Töll, Kunstbunker Matthias Schönweger
4 Zenoburg
5 Sektkellerei Arunda, Mölten
6 Winterschule Ulten, St. Walburg / Kuppelwies
7 Laas, Jörg Hofer
8 Gaudententurm in Partschins, Schnapsbrennerei Christine Schönweger

Über die Leute zur Gegend – Ausflüge

Kunstgießerei Dirler in Marling

Bei meinem Besuch in der Kunstgießerei Dirler begleitet mich Sonja Steger, die 2008 das Buch *Flüssiges Feuer* zusammengestellt hat, um den alchemistischen Prozess des Gießens von Metallskulpturen zu dokumentieren. Die Werkstatt Dirler befindet sich in der Franz-Innerhofer-Straße 24 in Marling (Anmeldungen per Telefon unter +39 (0)473 440248).

Vinzenz Dirler, der als Kind beim Weithaler-Wast im Ansitz Kränzel in Marling erste Erfahrungen mit dem Schmelzofen machte, hat sich im heimischen Prantlhof eine Werkstatt eingerichtet und selbst einen Schmelzofen gebaut. Es sei vor allem das Feuer gewesen, das ihn von Anfang an fasziniert habe, weshalb er unbedingt Metallgießer werden wollte. Seine Ausbildung absolvierte er zwischen 1967 und 1971 in Hall in Tirol bei Hans Haslinger, der mit dreien seiner vier Töchter eine Gießerei betrieb. Dort erlernte Vinzenz Dirler das Sandgussverfahren. Von 1973 bis 1976 ließ er sich in Verona zum *cerista*, zum Wachsarbeiter, ausbilden.

Vinzenz Dirler empfängt uns mit einem verschmitzten Lächeln, der Mann ist ein Schelm: Vom Meraner Maler Gigi Picelli hat er sich ein erotisches Klo gestalten lassen, gleich neben der Werkstatt. Früher oder später muss ein jeder Besucher das

Die Kunstgießer Vinzenz und Stefan Dirler arbeiten an der soeben gegossenen Kaser-Skulptur von Josef Rainer.

Örtchen benutzen, und während ich auf der Toilette sitze, betrachte ich die freizügigen Frauendarstellungen und muss an die in Mechanikerwerkstätten nicht selten anzutreffenden Kalender mit nackten Frauen denken – da ist das doch etwas ganz anderes!

An diesem Tag ist der Ofen kalt, es wird nicht gegossen. Aber zu unserer Freude haben Vinzenz und Stefan Dirler die bereits gegossene Norbert-Conrad-Kaser-Porträtskulptur von Josef Rainer in Arbeit. Der an seiner Trunksucht allzu früh verstorbene Kaser (1947–1978) gilt bis heute als bedeutender Lyriker Südtirols. Im April 2017 wäre er siebzig Jahre alt geworden (die Bronzeskulptur steht nun in seinem Heimatort Bruneck auf dem Rathausplatz). Vater und Sohn Dirler erklären die Arbeitsgänge, die auf den Guss folgen, sie demonstrieren, wie die noch in Teile zerlegte Skulptur zusammengebaut, geschliffen und poliert wird. Die Ausführung dieser Arbeit lässt sich die Werkstatt, Material inklusive, mit 16.000 Euro bezahlen – ein knapp kalkuliertes Salär. Da darf nichts schiefgehen, sagt Stefan Dirler, damit das noch ein Geschäft ist.

Was beim Gießen alles schiefgehen kann und wie delikat dieses Handwerk insgesamt ist, darüber gibt das Buch *Flüssiges Feuer* Auskunft, dessen Verdienst es ist, das Sandgussverfahren und das Wachsausschmelzverfahren Schritt für Schritt zu

Sonja Steger kennt sich in der Werkstatt Dirler gut aus, sie klettert in den Ofen, in dem sonst Spitzentemperaturen erzielt werden.

erklären. Es ist ein hochkomplexer Vorgang, der großer Erfahrung bedarf. Während Sonja in den Ofen steigt und von dort aus lachend für ein Foto posiert, lasse ich mir von Vinzenz seine Spezialerfindung zeigen: eine Metalltreppe, die senkrecht gestellt werden kann, wodurch ein Schacht entsteht, über den die schweren Skulpturen in das obere Stockwerk gehoben werden; für Schacht und Treppe nebeneinander gab es in Dirlers erstaunlich kleiner Werkstatt nicht genug Platz. So vieles wird hier mit geringen Mitteln, dafür mit umso mehr Kreativität und Können umgesetzt.

Als wir uns zum Gehen wenden, drückt Vinzenz Dirler mir zum Abschied eine Flasche hauseigenen Prantlhof-Wein in die Hand. Wie hat Sonja Steger es in ihrem Gedicht *vinzenz-haus* so treffend formuliert: „prantlwein fließt / der schmelzofen / schweigt oder flimmert / gänse ziehn zum trog.“[22]

22 *Sonja Steger. Aus: keine details. Innsbruck: Skarabäus 2009, 66 f.*

Kunsthalle Eurocenter in Lana

Im Industrieviertel von Lana (genauer: Industriezone 12) befindet sich die großflächige *Kunsthalle Eurocenter* im ersten Stock eines ehemaligen Gewerbebaus, wie sie in Südtirol vor der Wirtschaftskrise noch rasch aus dem Boden gestampft wurden, um dann in Konkurs zu gehen und als leer gebliebene Gebäude ihre ursprüngliche Bestimmung zu verlieren. Die Galerie ist quasi mit dem Auto über eine breite Rampe erreichbar, geparkt wird in der Garagenhalle unmittelbar vor dem Ausstellungsraum. Hier empfängt uns Hannes Egger.

Kaum betreten wir die Halle, umfängt uns eine raumfüllende akustische Installation – elektronische Klänge in strengem Rhythmus mit unregelmäßigen Ausschlägen, zunächst mitreißend, allmählich aber nervenaufreibend (was wohl auch beabsichtigt ist). Eine Unterhaltung soll hier offenbar nicht geführt werden. Immerhin hören wir, dass sich gleich gegenüber das Atelier des Künstlers Arnold Mario Dall'O befindet, direkt darüber das von Ulrich Egger. Die beiden arrivierten Künstler haben sich schon vor Jahren in diesen leer stehenden Gebäudekomplex eingekauft, sie arbeiten hier, und das wird auch weiterhin so bleiben; die Galerie aber hat ein Ablaufdatum: Die Gruppe der Künstler, die sie betreiben, könnten sich die Miete einer solch großen Ausstellungsfläche niemals leisten. Die beiden Hallen, die derzeit bespielt werden, gehören einer Bozner Firma, die die Fläche so lange zur Verfügung stellt, bis sich ein Käufer dafür findet. Manche Firmen erwerben diese Räume zu Lagerzwecken, andere kaufen einen Garagenplatz für das Wohnmobil, Büros sind hier untergebracht, da und dort entsteht zaghaft, was man einen Einkaufsbereich nennen könnte. Gut für die Aussteller ist, dass es nicht einfach zu sein scheint, Käufer für so eine Halle zu finden; die Gruppe kann hier schon seit einer geraumen Weile schalten und walten. Konzipiert werden Ausstellungen, die internationale zeitgenössische, um nicht zu sagen: neueste Kunst präsentieren, vielfach thematisch gebündelt, manchmal gesellschaftspolitisch grundiert und oft in Zusammenarbeit mit anderen Museen und Galerien gestaltet. Die Kunsthalle versteht sich als Plattform für die interessantesten aktuellen Positionen der Kunst und ist zu einem Treffpunkt für ein junges, durchaus urbanes Südtiroler Publikum geworden. Dazu passt die Bewerbung und Ankündigung der Ausstellungen und Veranstaltungen über Facebook und die Website von *Kunst Meran*.

Hannes Egger, der selbst künstlerisch tätig ist und seit einigen Jahren vor allem partizipativ arbeitet, außerdem bei Kunst Meran und im Schloss Tirol im Bereich Kunstvermittlung tätig ist, zudem die Südtiroler Kulturzeitschrift *kulturelemente* mit herausgibt, führt uns durch die aktuellen Ausstellungen, die in zwei Hallen zu sehen sind. Spannend: Nach Provinz jedenfalls riecht es hier nicht.

Matthias Schönwegers Kunstbunker – auf den Spuren einer Leidenschaft

Der Meraner Aktionskünstler Matthias Schönweger betätigt sich vielfältig – und stets aus einer pazifistischen, vielleicht auch zivilisationskritischen Haltung heraus. So genau kann man das aber nicht sagen, denn dieser Künstler lässt sich nicht in eine Schublade stecken. Unbeirrt folgt er seiner Leidenschaft, ganz gleich, ob man ihn versteht oder für einen Spinner hält. Er stellt zum Beispiel eine Kunststoffrutschbahn an eine steil abstürzende Felskante; aus Hausrat, Spielzeug und Mobiliar baut er winzig kleine oder raumfüllende Installationen; er legt Plastikpanzer („Todbringendes", Zitat Schönweger) auf eine heiße Herdplatte und lässt sie schmelzen, dass sie zum Himmel stinken; bei seinen Auftritten stellt er den Plastiksoldaten Gartenzwerge zur Seite – auch das eine unmissverständliche Aussage. Seit vielen Jahren publiziert der Künstler aufwendig gestaltete Bücher, die seine Wort-Bild-Kombinationen dokumentieren. Er ist ein Allround-Poet und ein wunderbarer Zeichner.

Und er hortet Bunker. Während andere viel Geld in ein schickes Atelier stecken, ersteigert er Wehranlagen aus der Zeit des italienischen Faschismus und upcycelt sie durch Kunst, indem er sie dort einbunkert. Er nennt um die 50 Militärbauten sein Eigen, verstreut in ganz Südtirol, ein Netzwerk der anderen Art, ein Art-Netzwerk, ein Gesamtkunstwerk.

Es ist ein regnerischer Wintertag, wir haben uns warm angezogen, die Feuchtigkeit aber unterschätzt. Es ist nur ein Trampelpfad, kein richtiger Weg, das faulige Laub unter unseren Schuhen ist rutschig: Auf der Töll, am Eingang des Vinschgaus, stapfen wir durchs Gehölz und stehen unterhalb eines kleinen Hügels unvermittelt vor einer Eisentür. Nach dem, was Schönweger uns vorweg erzählt hat, weiß er genau, was er tut: Die Faschisten hätten im ganzen Land – aus ihrem grundlegenden und auch nicht unbegründeten Misstrauen gegenüber den sich nähernden nationalsozialistischen Truppen heraus – ein Netz von Bunkern angelegt, als Bollwerk und Grenzsicherung gegen den Partner Hitler. Der *Vallo alpino* (faschistischer Alpenwall) war die Befestigungslinie der Italiener in den Alpen, der Bau wurde in den späten 1930er-Jahren begonnen und 1942 offiziell abgeschlossen. Viele Befestigungen blieben unvollendet und wurden nie in Betrieb genommen, an einigen Stellen wurde nach 1945 oder im Kalten Krieg der Bau wieder aufgenommen. Bis heute wurden manche dieser Stollen – eigentlich der Grund, auf dem sie sich befinden – verkauft und von Bauern oder Firmen als Lagerhallen genutzt. Schönweger war der Erste, der sich aus künstlerischen Überlegungen dafür interessierte.

Die eiserne Tür, vor der wir stehen, führt zu Schönwegers erstem Bunker, den er vor mehr als fünfzehn Jahren erworben hat. Es ist eine ungewöhnliche Welt, die sich hier auftut: dunkel, schräg, ambitioniert, bodenständig, abgedreht, spannend, beängstigend – ernst und witzig zugleich. Während Schönweger die einzelnen, mit seinen Kunst-Materialien bestückten Räumlichkeiten und Winkel kommentiert, lassen wir uns – ganz körperlich – auf deren Wirkung ein. Tatsächlich kann man nur mit Körper und Verstand begreifen, was man hier

Im Nebel besonders verwegen: Schönwegers Rutsche ins Nichts

sieht. Die Wirkung geht unter die Haut; Gänge, die sich in alle Richtungen verzweigen, da und dort Nischen und kleine Kammern, immer wieder Treppen nach oben und unten. Nach draußen ist man mit kleinen Maueröffnungen (*bocche di fuoco*, Schießscharten) verbunden. Abschnitt für Abschnitt, Treppe für Treppe und Kammer für Kammer hat Schönweger mit Gegenständen aus dem Alltag und aus dem Bereich des Konsums so befüllt, dass Bedeutung entsteht. Kaputte Schaufensterpuppen vermitteln Zerstörung und Mord. Dutzende auf den Treppenrand gestellte Espressokaffee-Maschinen erinnern an die Soldaten, die sich sehr lange in diesen kerkerartigen Räumen aufhalten mussten. Eine Sammlung von Teppichklopfern, im Dialekt *Pragger* genannt, lassen, da sie mit defektem Spielzeug kombiniert sind, an häusliche Gewalt denken. Vogelkäfige (Vogelsteigen) mit Engeln drin suggerieren Eingesperrtsein. Haufenweise alte Wecker ticken! Und die überall drapierten Plastikblumen lassen an Gräber denken. Es sind Bilder von Trauer und Gewalt, die durch die Art des Materials eher kurios als deprimierend wirken. Schönwegers Spieltrieb scheint überall durch, alle Monstrosität wird durch das unentwegte Augenzwinkern des Künstlers in Leichtigkeit verwandelt.

Wir folgen einem Schild Richtung „Hades“: Über eine Treppe, die Wände sind beidseitig mit Kunstblumensträußen bestückt, steigen wir in die Tiefe und gehen dann noch weiter einen engen Gang nach hinten. Plötzlich stehen wir an einem Gitter und schauen einander fragend an. Wind kommt auf, ein metallisches Geräusch nähert sich und steigert sich zum ohrenbetäubenden Lärm. Hinter dem Gitter braust ein Zug vorbei, wir stehen am Gatter zum Vinschgerbahn-Tunnel und erleben so die Unterwelt.

Wieder oben angekommen lese ich die Schriftinstallation: alles liebe – liebe alles. Nicht weit davon entfernt hängt ein großes Plakat mit sechs Buchstaben, der erste Buchstabe ist im linken oberen Eck, die anderen fünf sind unten in einer Zeile angeordnet: f … liege. Das Sprachspiel ist bei Schönweger immer präsent, der Schalk auch, und um Liebe geht es sehr oft. Einige seiner Bunker stehen unter dem Motto „Herz“ und sein vorletztes Buch trägt den Titel *Von der Kunst zu lieben/leben*. Und jeder Spiegel ist bei ihm die unbedingte Aufforderung, in diesen auch tatsächlich zu blicken … so auf die Art: Mach dir dein Selbstporträt.

Beeindruckt verlassen wir nach einer guten Stunde den Stollen und treten wieder ins Freie. Wir haben Eindrückliches gesehen und viel gelacht. Bei Schönweger darf Kunst Vergnügen bereiten. Außerdem liebt er das Ephemere, Flüchtige, mit seinen Installationen weist er unentwegt auf die Tatsache der Vergänglichkeit hin.

Wir fahren auf die andere Talseite und hinauf nach Oberplars, einem lauschigen Weiler, der zur Gemeinde Algund gehört. Weit oberhalb der Ortschaft begehen wir staunend einen weiteren Kunstbunker; diesmal steigen wir auf einer Wendeltreppe hinauf zum „Himmel“, stehen aber am Ende nur vor einer Mauer. Anschließend besuchen wir auf einem Gelände, das Schönweger gehört, einige Kunstorte; hier befindet sich auch die bereits erwähnte Rutschbahn am Rande eines Abgrunds. Damit sie auch sicher von niemandem benutzt wird, hat der Künstler sie mit Stacheldraht umwickelt.

Die Stube im Saxnerhof

Als wir in der nahe gelegenen Jausenstation Saxnerhof in der einfachen, schönen Stube sitzen und uns bei Knödelsuppe und einem Glas Wein aufwärmen, erzählt Schönweger von seinem größten Kunstbunker, der sich in der Nähe von Toblach im Pustertal befindet. Diese gewaltige Militäranlage ist eigens für die ganz großen Kanonen gebaut und mit riesigen Hallen ausgestattet worden. Jetzt ist der Bunker leer. Schönweger hat nur ein einziges Werk dort installiert: einen fingergroßen Tyrannosaurus Rex – natürlich aus Plastik, damit er nicht gleich verrottet, sondern die Zeit doch etwas länger überdauert.

Wer diese Bunker mit eigenen Augen sehen, mit dem eigenen Körper fühlen möchte: Bunkerbesuche mit Matthias Schönweger können über die *ES gallery* und den *Kunstverein Kasematte* angemeldet werden: Meran, Laubengasse 75, E-Mail info@es-gallery.net.

Die Zenoburg öffnet ihre Tore

Schlösser, Villen und Burgen – an alten Gemäuern fehlt es der Stadt Meran nicht, doch kaum ein Ort ist so geschichtsträchtig wie dieser. Schon die Römer errichteten an dem strategisch günstigen Standort einen Stützpunkt zur Überwachung der Handelswege, das Castrum Maiense. Der grasbewachsene Felshügel mit der herb-südlichen Ausstrahlung, auf dem heute ein kleines turmartiges Gebäude – die Burg – und die weitum sichtbare Kapelle stehen, gehört zum Gemeindegebiet von Dorf Tirol und ist im Besitz der Familie von Braitenberg. Vom Passeirer Tor ist dieses *schiane Platzl* zu Fuß in einer Viertelstunde zu erreichen, mit dem Auto zweigt man von der Straße, die nach Dorf Tirol führt, ab. Die Burganlage ist erst seit Kurzem zugänglich, und auch das nur bezogen auf Vorburg und Kapelle, außerdem nur im Rahmen einer Führung oder Veranstaltung. Durch einen glücklichen Zufall können wir uns einer Besichtigung anschließen.

Die Burg wurde in den Spätantike zum Andenken an den heiligen Zeno gebaut und zog in der Folgezeit viele Wallfahrer und Pilger an, darunter hohe Kirchenmänner, von denen auch einige hier bestattet wurden. Um die Jahrtausendwende verringerte sich die religiöse Bedeutung des Ortes, die Gebeine der Bischöfe wurden nach Passau überführt, die Kapelle verfiel.

Ein sagenhaft schöner Platz: die kleine Anlage der Zenoburg auf einer mit Gras bewachsenen Felskuppe

Felskuppen wie diese waren oft alte kultische Plätze – Plätze mit Ausstrahlung und guter Aussicht. Von hier aus sieht man durchs Gebüsch den Pulverturm auf der Tappeiner-Promenade, wie immer flattert die Tiroler Fahne; man sieht die Stadt, den Talboden, die Berge in der Ferne, Marling und Lana.

Die Zenoburg, die nach einem Brand auf Schloss Tirol vorübergehend sogar Residenz der Tiroler Grafen war, verfiel unter den Habsburgern; sie wurde 1799 von Leopold von Braitenberg erworben, als sie nur noch eine Ruine war; die Braitenbergs sind also schon seit 200 Jahren hier. Wir begegnen Zeno von Braitenberg, er ist Journalist und Moderator, ein Mann mit lachenden Augen, der unsere Gruppe erst begrüßt und dann so gar nicht antiquierte Sätze zum Begriff Heimat an uns richtet. Eine Burg ist eine Aufgabe: Erst 2015 hat er das Dach und die Fassade der Burgkapelle sanieren lassen. Der Wunsch, die Kapelle und die südliche Vorburg für die Öffentlichkeit zugänglich zu machen, ist allmählich entstanden. Zum Zwecke der schrittweisen Umsetzung seiner Vorstellungen hat von Braitenberg das *Kuratorium Zenoburg* gegründet, dem der Historiker Stefan Nicolini, der Kunst- und Kulturvermittler Erwin Seppi und er selbst angehören. Denn bis auf die wenigen Eckdaten weiß man sehr wenig über die Geschichte der Burg, und das soll sich ändern, sie soll systematisch erforscht werden. Geschichte und Gegenwart, Archäologie und Erinnerungskultur sollen verbunden werden. Und das Komitee organisiert Veranstaltungen, die mit der Geschichte des Ortes zu tun haben. Ein erstes Projekt geht auf die Tatsache zurück, dass Margarete Maultasch, die letzte Fürstin von Tirol, ihre Kindheit auf der Zenoburg verbracht haben soll – anknüpfend findet die Auseinandersetzung mit bedeutenden Frauen der Gegenwart – von Künstlerinnen bis Politikerinnen – statt.

Wir besichtigen die Kapelle mit ihrer schlichten romanischen Formensprache und der eindrucksvollen Doppelapsis. An den Tragsteinen des nordseitigen Hauptportals wurde ein Tiroler Adler eingemeißelt, weitere Figuren findet man auf den Sandsteinquadern der Einfassung. Der Kapellenraum ist eigenartig schmal, die beiden Altäre stehen auf der Längsseite. Skelette wurden hier gefunden, aber man muss erst erforschen, wer die Bestatteten waren. Bischof Aribo, von dem man weiß, dass er 800 n. Chr. hier gewesen ist, ist wohl nicht darunter: Er soll als Kind fünfzehn Meter über die Begrenzungsmauer in die Tiefe gestürzt, dabei aber auf wundersame Weise unverletzt geblieben sein.

Zenoburg-Areal: die romanische Kapelle mit Doppelapsis

Hoch gelegen und umweltfreundlich: die Sektkellerei Arunda

Wir erwarten uns von diesem Besuch nicht nur einen guten Schluck, sondern auch Informationen zur Herstellung eines Schaumweins, dem man nachsagt, im klassischen Verfahren der Flaschengärung zu einer Qualität zu reifen, die dem Champagner ebenbürtig ist. Wir stehen in Mölten vor einem Gebäude, das nicht nach Kellereibetrieb aussieht – immerhin bemerken wir ein Tor, groß genug, um ein- und auszufahren. Doch es führt nicht in ein Wirtschaftsgebäude, sondern geradewegs in den Hang hinein.

Der Hausherr hat uns offenbar erwartet, er ruft vom Balkon herunter und deutet uns, zum Privateingang heraufzukommen. Bald darauf dreht sich von innen der Schlüssel im Schloss und wir stehen einem schmunzelnden älteren Herrn in Freizeitkleidung gegenüber. Jetzt wird klar: Wir haben es mit einem Familienbetrieb zu tun, der etwas anders tickt, aber dennoch (oder vielleicht gerade deswegen?) weitum Ansehen genießt.

Während wir erdgeschossig in einem Verkostungsraum Platz nehmen, stellt uns Josef Reiterer ohne Umschweife die rundum auf Regalen stehenden Flaschen vor und beginnt von seiner Arbeit zu erzählen. Er geht mit den Worten sparsam um, spricht auf eine so ruhige, lässige Art und schaut einen

Ob bei der Arbeit oder im Gespräch: Sepp Reiterer ist konzentriert, bedächtig und sehr freundlich.

dabei so verschmitzt an, dass man sich nach kurzer Zeit wie zu Hause fühlt. Ganz so entspannt wie sein Bericht zum persönlichen Werdegang dürfte dieser aber nicht gewesen sein, denn da wurde viel riskiert und auch hart gearbeitet.

Mit dem Diplom des Weinbau-Ingenieurs in der Tasche arbeitete Reiterer zunächst als önologischer Berater bei italienischen Winzern. Während er Wissen weitergab, aber auch Erfahrungen sammelte, entwarf er bereits gemeinsam mit seiner Frau Marianne, die zu dieser Zeit in Mölten eine Pension mit vegetarischer Vollwertkost führte, ambitionierte Pläne. Als im Jahr 1976 der Firmenname *Arunda* bereits gewählt war und die ersten privaten 300 Flaschen hergestellt wurden, wusste sich das Paar noch im Versuchsstadium. Doch nur wenige Jahre später setzten die beiden alles auf eine Karte. Die Kellerei wurde gebaut und eingerichtet: unterirdisch.

Wir steigen eine Treppe hinab und sogleich bietet sich uns ein imponierender Anblick: Wir stehen in einer großen Halle, vor uns erstrecken sich zwei lange Rüttelpulte, in denen schräg, mit dem Flaschenhals leicht nach unten, Hunderte von Flaschen liegen. Wir lassen uns erklären, was das bedeutet:

Grundlage der Sektherstellung ist eine zweite alkoholische Gärung, also die nochmalige Vergärung von Wein, die durch Beigabe von Zucker und Hefe erfolgt. Bei *Arunda* wird die traditionelle Vergärung in Flaschen gepflegt, ein Verfahren, das in der französischen Champagne entwickelt wurde.

Bei der Flaschengärung erfolgt der gesamte Gärvorgang in der Flasche, die zuerst flach lagert und dann mithilfe der Rüttelpulte langsam geneigt wird, bis sie fast senkrecht mit dem Flaschenkopf nach unten hängt. Über Wochen hinweg wird jede einzelne Flasche täglich „gerüttelt", d. h. um die eigene Achse gedreht – eine langwierige, vielleicht aber auch kontemplative Tätigkeit. Kontempliert wird gewissermaßen auf die Hefe, die sich im Flascheninneren mit jeder Drehung zum Korken hin bewegt und sich nach vielen Monaten gänzlich beim Flaschenhals gesammelt haben wird. Das Drehen übernehmen jeden Morgen zwei Männer aus dem Dorf, und zwar so lange, bis die Flüssigkeit klar ist. Ist dieser Prozess abgeschlossen, muss die Hefe entnommen werden. Die Flaschen werden nun senkrecht nach unten in eine Kältesole gehängt, wodurch ein Hefepfropfen entsteht, der bei Öffnung des Korkens aus der Flasche schießt. Die Enthefung erfolgt bei Arunda maschinell, ebenso die endgültige Verkorkung und Etikettierung; Reiterer führt uns ein Förderband entlang zu den entsprechenden Maschinen. Doch bevor es so weit ist, liegt der Sekt zwei Jahre lang „auf der Hefe".

Sepp und Marianne Reiterer beschäftigen saisonale Aushilfen, den Großteil der Arbeit erledigen aber sie beide, gemeinsam mit ihrem Sohn Michael, der mit ins Geschäft eingestiegen ist. Die zum Einsatz kommenden Weinsorten sind in der unmittelbaren Umgebung gereift, z. B. an den Hängen rund um Terlan: Als Grundweine werden ausschließlich Chardonnay, Blau- und Weißburgunder aus Südtiroler DOC-Anbau verwendet, denn es leuchtet ein: Soll der Sekt gut werden, muss schon der Wein Qualität besitzen. Dass Arunda auf 1200

Metern Seehöhe arbeitet, beeinflusst den Geschmack des Sekts nicht, doch der in den Felsen gebaute Keller hat den Vorteil, dass auf eine Klimaanlage verzichtet werden kann – ein überaus umweltfreundlicher Aspekt.

Elf verschiedene Sektprodukte von bester bis ausgezeichneter Qualität werden in der höchstgelegenen Sektkellerei Europas komponiert (angenehm trocken ist bei Arunda jeder Sekt). Derzeit sind es 100.000 Flaschen im Jahr, die Verbreitung im In- und Ausland finden.

Als wir wieder im Verkostungsraum sitzen und nun wirklich degustieren, betrachte ich den schmalen Mann mit der hohen Stirn und den feinen Gesichtszügen, dem nicht zu kurz getragenen weißen Haar und der Brille. Man versteht, woher diese ruhige, zufriedene Ausstrahlung kommt. Der Mann hat etwas Besonderes mit viel Wissen und Bedacht in Angriff genommen und beharrlich verfolgt. Und ist dabei gänzlich frei von den Allüren, die andernorts so mancher Qualitätswinzer vor sich herträgt.

Übrigens: Gruppen, die sich über die Herstellung von Sekt informieren bzw. das Verfahren der Flaschengärung vor Ort kennenlernen möchten, können bei Arunda eine Führung bekommen: info@arundavivaldi.it.

Die starke Initiative einer Frau – Winterschule Ulten

Franziska Schwienbacher ist Biologin und trotz vielfältiger beruflicher Möglichkeiten auf den Heimathof in St. Walburg zurückgekehrt, weil es hier Interessantes zu tun gibt: Sie koordiniert das Programm der Winterschule Ulten (Hauptstraße 172A, St. Walburg), die ihre Mutter Waltraud vor sechsundzwanzig Jahren gegründet hat. Damals sei Waltraud (Traudl) noch belächelt worden, erzählt Franziska, heute ist die Initiative anerkannt und geschätzt. Traudl ist eine echte Pionierin, die aus Überzeugung und mit fundiertem Wissen etwas ganz Neues auf die Beine gestellt hat.

Wir stehen im Laden des Wegleithofes, umgeben von Holzregalen, die mit den am Hof hergestellten Produkten gefüllt sind: Kräutermischungen, Teesorten, Seifen, Cremes, Gestecke aus Trockenblumen, Flechtarbeiten, naturgefärbte Wolle und vieles mehr. Die Luft ist angenehm, es duftet, die Sonne scheint durch die Verandafenster. Franziska berichtet, wie das alles hier angefangen hat: Da viele Ultner klein strukturierte Höfe mit drei bis vier Kühen oder zehn bis vierzehn Schafe haben, können sie von der Landwirtschaft nicht leben. Viele Bauern pendeln nach Meran oder Lana, um einem zusätzlichen Broterwerb

Expertin für Kräuter: die Biologin Franziska Schwienbacher

nachzugehen – sie sind Nebenerwerbsbauern, so der Fachbegriff für eine Lebensform, mit der eine gewisse Entfremdung notgedrungen einhergeht. Traudl hat sich früh für das alte, vielfach verschüttete bäuerliche Wissen interessiert, sich mit Naturheilkunde, Naturfaserverarbeitung, Kräuterkunde und Permakultur befasst. Sie hat erkannt, dass es vor Ort genug wertvolle Rohstoffe gibt, die man nutzen und verarbeiten kann, damit die Wertschöpfung auf dem Hof bleibt.

Der Bauernhof hat gewaltige Veränderungen erlebt: Der Erbhof, 1394 erstmals urkundlich erwähnt, befand sich da, wo jetzt der Zoggler Stausee den Talboden ausfüllt. Achtzehn Höfe sind hier, auf dem flachsten und fruchtbarsten Stück von Ulten, buchstäblich verschwunden, als Anfang der 1950er-Jahre mit dem Bau der Staumauer begonnen wurde. Der Großvater suchte nach Lösungen und hatte Glück: Am Hang oben besaß die Familie das letzte Stück Grund, das nicht geflutet war, dahin wurde die Hofstelle versetzt. Mit vergleichsweise wenig Kulturgrund konnte die Familie immerhin autonom wirtschaften; man entschied sich für den Kräuteranbau, weil das auf kleinerer Fläche möglich war. So entstand das Kräuterreich Wegleit (Wegleit 315, St. Walburg/Ulten, Tel. +39 (0)473 795386, www.kraeuterreich.com).

Die Gemeinde hat der Winterschule Ulten eine ehemalige Werkstatt zur Verfügung gestellt.

Das Projekt „autonomes Wirtschaften“ ist nach einer Anlaufzeit, in der vieles ausprobiert und auch Lehrgeld bezahlt wurde, gelungen. Auch heute, in der dritten Generation, kann die gesamte Familie vom Kräuteranbau leben. Der Bruder macht die gesamte Aussaat, für die Jungpflanzen gibt es ein Gewächshaus. Der Vater übernimmt die Wildkräutersammlungen und webt, die Mutter hält hauptsächlich Vorträge, ihr Steckenpferd ist die Wolle. Die Schwester hilft in der Produktion mit. Was verarbeitet wird, wird selbst angebaut oder gesammelt.

Die Bergbauern, sagt Franziska, sind zu uns gekommen und wollten wissen, wie wir das gemacht haben. So ist die Idee entstanden, die erworbenen Erfahrungen weiterzugeben und dabei das Wissen auszubauen. Treibende Kraft war Traudl, inzwischen ist die ganze Familie mit im Boot.

Die Winterschule heißt deshalb Winterschule, weil die Bauern – Männer wie Frauen gleichermaßen – im Winter Zeit haben, sich weiterzubilden; das Kursangebot reicht von September/Oktober bis Mai. Mit dem Ziel, die Wertschöpfung im Tal zu behalten, wird die hiesige Bevölkerung mit einem

Programm angesprochen, das nicht nur wirtschaftlich hilft, sondern auch Selbstbewusstsein verleiht und die Identität stärkt. Traudl Schwienbacher lehrt z. B. alles, was mit Schafwolle zu tun hat, das Spinnen, Filzen und Färben aus Naturfarben, darüber hinaus gibt sie Informationen zum gesundheitlichen Wert der Wolle weiter. Franziska ist die Expertin für Kräuter. Daneben werden Referenten wie z. B. eine Webmeisterin beschäftigt. Ein Bauer, der auf 1600 Metern Höhe seinen Hof hat, hat in der Winterschule die Flechtausbildung und danach noch ein paar Spezialisierungskurse besucht – jetzt ist er seit neun Jahren Referent der Winterschule. Und die wird mittlerweile längst nicht mehr nur von den Menschen im Tal geschätzt, auch aus Österreich oder Deutschland kommen Teilnehmer, selbst Informatiker, Ärzte oder Architekten besuchen Kurse. Vor sechsundzwanzig Jahren hat die Winterschule mit sechzehn Teilnehmern begonnen, mittlerweile sind alle Lehrgänge ausgebucht – da die Teilnahme von Gemeinde und Land Südtirol subventioniert wird, sind die Kurse erschwinglich.

Spätestens nach einem Besuch in Kuppelwies, wo wir jungen Flechterinnen beim Üben zuschauen dürfen, spielen wir ernsthaft mit dem Gedanken, selbst einmal einen Kurs zu besuchen. Neben dem individuellen Interesse am Erlernen einer Fertigkeit geht es hier ganz allgemein um Grundsätze: Erstens: Die Menschen haben das Recht auf ein gesundes Leben im Einklang mit der Natur. Zweitens: Soziale Gerechtigkeit, wirtschaftliche Entwicklung und Umweltschutz sind miteinander verflochten und voneinander untrennbar. Und drittens: Die Entwicklung darf die Entwicklungs- und Umweltbedürfnisse der heutigen und der kommenden Generationen nicht beschränken. Diese Grundsätze, die auf der Homepage der Winterschule angeführt sind (www.winterschule-ulten.it), werden hier tatsächlich gelebt.

Der mit Marmorstaub malt: Jörg Hofer in Laas

Es ist immer eine Freude, ein paar Stunden in Laas im Vinschgau – leicht zu erreichen mit der Vinschgerbahn – zu verbringen, jenem Ort, in dem seit Jahrhunderten Marmor abgebaut wird.[23] Noch während wir im Gasthof Krone auf dem Hauptplatz Marillenknödel verspeisen, gesellt sich Jörg Hofer zu uns. Der Künstler wohnt schräg gegenüber in einem schön renovierten Althaus und gelangt über einen malerischen Hinterhof in sein Atelier, einen ausgebauten Stadel. In diesem wunderbaren Ambiente zeigt er Besuchern gern seine großformatigen, abstrakten Arbeiten. Hofer ist 1953 geboren und hat an der Akademie der bildenden Künste in Wien studiert, dort besuchte er die Meisterklasse für Malerei bei Max Weiler. Wie bei Weiler sind auch Hofers Abstraktionen nach der Natur gemalt, sie wirken keineswegs kühl oder gar synthetisch. Farben und da und dort in reduzierter Weise auch Formen der umgebenden Landschaft strahlen auf den Betrachter zurück. Seine Farben mischt Hofer wie ein Alchemist, jedes Bild erhält eine eigene Nuance. Man soll die Bilder angreifen, sagt der

---

23 *Hansjörg Telfser: Marmor Spurensuche. Vinschgaus Marmor zwischen Kunst- und Spekulationsobjekt. Bozen: Longo 2007.*

Marmor, wo man hinschaut: der Dorfplatz in Laas

Künstler, um die rauen Strukturen der Oberfläche zu ertasten. Diese Strukturen sind wie die Körperhaut, sind Leben, sind Erfahrung, sie verweisen auf die Brüche, die alles durchziehen. Erzielt wird der haptische Effekt durch das In-die-Farbe-Mischen von Marmorstaub, wodurch sich im Übrigen eigene farbliche Reflexionen und die typische Mehrdimensionalität ergeben, die der Künstler gar nicht bis ins Letzte planen kann, die er dem Geschehen überlässt.

Ähnlich faszinierend ist es, mit den Händen über die Fassaden der alten Laaser Steinhäuser zu tasten, Häuser, die in ihrer Charakteristik eher an griechische oder süditalienische als an hochalpine Dörfer erinnern. Von Hofers Garten gelangt man in eine Dorfgasse, die beidseitig von diesen uralten Häusern gesäumt ist – zeitlose Architektur, formal streng, fast wie eine kubische Skulptur aus grauem Stein. In dieser Gasse ließ der Künstler ein kleines Gebäude errichten, dessen Wände aus ockerfarbenem (selbst eingefärbtem) Beton sich formal an die umstehenden alten Steinhäuser anlehnt, dabei aber etwas ganz Neues repräsentiert. Das Gebäude steht leer, ist keiner Bestimmung zugeführt: Hofer kommt täglich hierher, einfach um ein wenig dazustehen und nachzudenken.

Von Jörg Hofer stammen freilich auch konventionellere Arbeiten wie die Glasfenster in der Laaser Pfarrkirche, die im Auftrag entstanden sind. Aber die eigene Malerei, das spürt man, sobald er darüber spricht und im Tonfall immer leiser wird, sind der Mittelpunkt seines Lebens. Ausdruck seiner Herangehensweise an die Kunst war auch das Projekt *Berührungen*, elf Klangbildräume, die er 1995 gemeinsam mit dem Laaser Musiker und Zwölftonkomponisten Herbert Grassl nachts im Marmorbruch in den Bergen erstehen ließ. Die beiden Künstler gaben – in Anwesenheit von tausend Besuchern aus dem ganzen Land – mit dieser Arbeit ihrer Beziehung zum Stein eine sinnliche Dimension.

Jörg Hofer nimmt sich an diesem Tag Zeit und begleitet uns auf unserem Spaziergang durch Laas, wo wir an jeder Ecke dem Marmor begegnen, wo in verwunschenen Gärten aufgelassene Manufakturen mit liegen gelassenen, halb fertigen Marmorarbeiten auf eine Zeit verweisen, als alles noch von Hand und mit einfachem Werkzeug – Meißel, Hammer, Schleifpapier – geformt wurde. Zitate aus alter Zeit sind in

Jörg Hofers Glasfenster in der Krypta der Laaser Pfarrkirche

Zurück geblieben: die Stützen der ehemaligen Aquädukte

Laas auch die Aquädukte, von denen nur noch Reste zu sehen sind: Über auf hohe Stützen gelegte Holzrinnen wurde Wasser vom Berg ins Dorf geleitet.

Auf dem Friedhof besuchen wir schließlich den Grabstein des Schriftstellers Franz Tumler (gestorben 1998 in Berlin und dort beigesetzt), dessen Vater in Laas gebürtig war. Tumler gilt ein Stück weit als Südtiroler Schriftsteller, weil er immer wieder nach Laas zurückkehrte und Südtirol zum Thema seiner Romane und Erzählungen machte. Mit dem weit jüngeren Hofer war er gut befreundet.

Glasersfeld und Schnaps: der Gaudententurm in Partschins

Während im nur acht Kilometer von Meran entfernten Partschins die meisten Touristen das *Schreibmaschinenmuseum* am Kirchplatz 10 besuchen, das sich deshalb im Ort befindet, weil der Erfinder eines frühen Schreibmaschinentyps aus Holz, Peter Mitterhofer, ein Sohn dieser Gemeinde war, suchen wir auf den Spuren von Ernst von Glasersfeld den *Gaudententurm*. Nach seiner Rückkehr aus dem irischen Exil und bevor er in die USA ging, quartierte er sich mit seiner Familie in diesem alten Gemäuer ein. Die Entscheidung, nicht in Meran, sondern auf dem Land zu leben, mag etwas mit seinem Naturell zu tun gehabt haben: Glasersfeld war nicht nur Denker und Wissenschaftler, sondern auch ein sportlicher Mann und ausgezeichneter Skifahrer (eine Zeit lang arbeitete er als Skilehrer in Australien). Er liebte schnelle Autos, weswegen er u. a. die Autorennen in Monza besuchte und anschließend in heimischen Medien darüber berichtete.

Auch uns gefällt der behäbige Turm, ein aufgestellter Quader, mehr breit als hoch. Der Ansitz gehörte im Mittelalter u. a. Gaudenz von Partschins, heute ist er im Besitz der Familie von Sölder und Lebensmittelpunkt der einzigen Hofbrennerin Südtirols (Hofbrennerei Gaudenz, Gaudententurmstraße 7,

Bei unserem Besuch brennt Christine Schönweger gerade Schnaps und erläutert den Vorgang.

Partschins, http://www.hofbrennerei.com/), der von Christine Schönweger: Sie ist Obst- und Weinbäuerin, hat eine Ausbildung zur Modestilistin in Mailand und dann verschiedenste Kurse über Keller- und Brennereitechnik absolviert und brennt für den Schnaps.

Wir stehen bei der Destillieranlage in einem Gartenhaus und lassen uns berichten. Die Qualität des Schnapses, so Christine Schönweger, entsteht draußen auf dem Feld, sie hängt vom „Behang“ ab. Als erfahrene Bäuerin weiß sie, wie viele Birnen auf dem Baum sein dürfen, damit alle Früchte gleichmäßig goldgelb reifen können. Der Geschmack der Frucht ist das Wichtigste, man muss sie voll ausreifen lassen und den richtigen Erntezeitpunkt abwarten. Sind die Früchte reif, wird gemaischt. Jetzt findet die Fermentierung statt, was bedeutet, dass der Zucker sich in Alkohol umwandelt, das dauert zehn bis vierzehn Tage. Anschließend wird gebrannt. Die Maische kommt in den Kessel, geheizt wird mit Holz. Das im Inneren der Maschine befindliche Wasserbad bringt die vergorenen Birnen zum Kochen. Der Dampf tritt in die Röhren und Leitungen, kondensiert und wird wieder flüssig. Zunächst wird der „Raubrand" destilliert, er rinnt als kleiner Strahl aus dem Schlauch ins Gefäß. An den elektronischen Anzeigen ihrer Destillieranlage liest Christine ab, welche Temperatur der Alkoholdampf zurzeit hat; ist es zu wenig, muss sie Holz nachlegen. Damit mit dem Alkohol die schönsten Aromen „herkommen", muss die Temperatur gleichmäßig gehalten werden. Grundsätzlich wird doppelt gebrannt. Der zweite Durchgang holt „das Herzstück" heraus, anhand der unterschiedlichen Siedepunkte wird das Methanol, das schon bei 65 Grad „kommt", abgetrennt. Auch die ätherischen Öle sollen nicht in der Flüssigkeit bleiben, da sie den feinen fruchtigen Geschmack des Mittellaufes überdecken.

Die Schnapsbrennerin muss exakt arbeiten, damit durch die unterschiedlichen Phasen hindurch genau das geschieht, was geschehen soll; Brennen ist ein ungeheuer komplexer Prozess, der Erfahrung braucht. Gebrannt wird morgens, der Ablauf ist zeitlich genau geplant und muss um zwölf Uhr abgeschlossen sein: Da kommen nämlich die Finanzer und verplomben das Gerät – bis zum nächsten Mal. *Gaudenz*, so der Name der Hofbrennerei in Partschins, darf jährlich maximal 300 Liter herstellen. Es sind nur dreizehn bis vierzehn Tage im Jahr, an denen gebrannt wird – sechs Sorten reine Apfelbrände, darunter auch alte Sorten, Kirsche, Apfel-Quitte, Apfel-Himbeer, Marille, Zwetschke, Williams und auch Treber.

Wir begeben uns in das Kellergewölbe des Haupthauses, um Schnaps zu verkosten. Wenn die Kunden Freude an dem Produkt haben, dann sei alles gut, sagt Christine und fügt hinzu: Die Freude ist wichtiger als alles andere. Ich glaube ihr, denn Freude macht schön, und Frau Schönweger heißt nicht nur so, sie ist es auch.

Führungen mit Verkostungen gibt es übrigens von Ostern bis Allerheiligen jeden Mittwoch um 16.30 Uhr.

Das wohl markanteste Gebäude in Partschins ist der Gaudententurm.

Empfehlungen

Essen & Trinken in Meran & Umgebung

Restaurant Sigmund, feine bodenständige Küche (täglich außer Mi 12–14 u. 18–22). Freiheitsstraße 2, Tel.: +39 0473 237749

Restaurant Meteo, gehobene Küche (Do–Mo 10–23). Meran, Winterpromenade 51, Tel.: +39 0473 055001

Restaurant Bistro Festival, Südtiroler und italienische Küche (nur abends 18.30–22, Fr u. Sa Fischspezialitäten, So Ruhetag). Meran, Pfarrgasse 2/a1, Tel.: +39 0473 491398 à Kapitel „Untermais“

Restaurant Villa Heidelberg, gute bürgerliche Küche (mittags u. abends warme Küche, Mo Ruhetag). Meran, Tobias-Brenner-Straße 22, Tel.: +39 0473 211955 à Kapitel „Untermais“

Restaurant Chapeau, Fischspezialitäten (DI–DO 18.30–22.00, DI–SO 12.00–14.00, FR–SO 18.00–22.00). Meran, Matteottistraße 7, Tel.: +39 0473 237155 à Kapitel „Untermais“

Trattoria Da Dante, Fisch, Meeresfrüchte und andere italienische Speisen (täglich außer So 12–14, 19.30–22). Meran, Enrico-Toti-Straße 11/B, Tel.: +39 333 867 7866 à Kapitel „Radwege“

Trattoria Mainardo, Fisch und andere italienische Gerichte (MO–SA 12.00–14.00 u. 19.00–22.00). Meran, Meinhardstraße 19, Tel.: +39 345 157 5412 à Kapitel „Fremde“

Café Restaurant Yosyag, leichte Küche, manches vegetarisch (MO–SA 12.00–14.00, 18.30–21.30). Meran, Goethestraße 40 c, Tel.: +39 0473 204765

Pizzeria 357 – Trecinquesette (Do–Di 17.30–1.00). Meran, Plankensteinstraße 3–5–7, Tel.: +39 0473 055357 à Kapitel „Untermais“

Pizzeria Relax (Küche 12–14.30, Pizzeria + Küche 18–0.30, So Ruhetag). Meran, Cavourstraße 31, Tel.: +39 0473 236735. Enothek *Relax* (geöffnet bis 1.30) à Kapitel „Untermais“

Enothek Signorvino, wo man auch schmackhafte Antipasti genießen kann. Die Flasche Wein dazu kostet gleich viel wie im Einkauf an der Kasse (SO–DO 11.00–23.00, FR–SA 19.00–00.00). Meran, Laubengasse 104, Tel.: +39 0473 270730 à Kapitel „Lauben“

Enothek Andrea Albertin, sympathische, sehr einfache „Vinicola“ mit ausgezeichneten italienischen Weinen. Meran, Ortweinstraße 5, Tel.: +39 0473 237641

Restaurant Miil Kränzelhof, gehobene Küche (Di–Sa 12–14, 18.30–21.30). Gampenstraße 1, Tscherms, Tel.: +39 0473 563733. Mit dem Auto: MeBo Ausfahrt Lana/Industriezone, Richtung Lana der M.-Valier-Straße folgen, Kreisverkehr erste Ausfahrt Richtung Meran, der SS238 bis Kränzelhof folgen.

Erlebnis-Restaurant Onkel Taa, gute Tiroler Küche, spezielles Ambiente beim K. u. K.-Museum Bad Egart (DI–SA 18.30–23.00, DI–SO 12.00–15.00). Bahnhofstraße 17, Töll-Partschins, Tel.: +39 0473 967342. Mit dem Auto: Richtung Partschins, auf der Töll scharf links abbiegen zur Brücke über die Etsch, danach links in die Bahnhofstraße.

Buschenschank Zmailerhof, sehr gute heimische Küche, hofeigene Produkte, Spezialität Bauern-Schöpsernes vorbestellen (Mitte März bis Ende November geöffnet, abends nur auf Vorbestellung, Fr Ruhetag). Schennaberg 48, Tel.: +39 0473 945881.

Mit dem Auto: in Schenna nach Tannerhof rechts Richtung St. Georgen und nach 50 m links in die Pichlerstraße, nach einem Kilometer rechts in den Bergerweg abbiegen. Zwei Kilometer steile Anfahrt, dann rechts ab zum Zmailer.

Hofschank Unterweiherhof, sehr gute heimische Küche, hofeigene Produkte (Jänner und Februar nur am Wochenende, März bis Juni und September bis November täglich). Fragsburgerstraße 9, Tel.: +39 0473 244688. Mit dem Auto: beim Schloss Rametz in Obermais in die Fragsburgerstraße biegen und fünf Kilometer folgen.

Jausenstation Saxnerhof, ganzjährig kalte und warme Küche. Algund, Oberplars 26, Tel.: +39 0473 448527. Mit dem Auto: Auf der Straße nach Vellau biegt eine Seitenstraße links ab, Saxnerhof ist dort angeschrieben; à Kapitel „Gegend".

Gasthof Tschaufenhaus, ausgezeichnete Südtiroler Küche (MÄ–FE ohne Ruhetag geöffnet, im Winter nur SA/SO). Tschaufen 4, Mölten, Tel.: +39 0471 668235. Mit dem Auto: von Terlan Richtung Mölten bis nach Verschneid; beim Gasthaus Bar Linde rechts abbiegen, nach der Kirche rechts Richtung Tschaufenhaus.

Buschenschank Leachnhof, Ulten, sehr gute heimische Küche, eigene Produkte und Bergbauernflair. Geöffnet Mai bis Ende Oktober, täglich außer Di, Tel: +39 338 8302665. Mit Auto und Seilbahn: Nach Ultental vor St. Pankraz zur Seilbahn nach Pawigl; mit einem Kurbeltelefon ruft man den Fahrer der Bahn in der Bergstation an, steigt in die 4 Personen fassende Kabine und fährt hinauf; von Pawigl Richtung St. Pankraz über einen waldreichen Höhenweg ca. eine Stunde Fußweg.

Gut zu gebrauchen in Meran

Pur Südtirol, Südtiroler Spezialitäten.
Meran, Freiheitsstraße 35, Tel.: +39 0473 012140

Simply.C, Christine Plattner: fashion and home handmade in south tyrol. Meran, Lauben 317, Tel.: +39 348 8124246

olle Tog, Handmade in South Tyrol.
Meran, Sparkassenstraße 1, Tel.: +39 0473 491388

Flechtwerke Körbe und Objekte, Annemarie Kaser.
Meran, Garibaldistraße 18, Tel.: +39 329 9626676

Brugnara, Eisenwarenhandlung (größte der Region).
Meran, Romstraße 31/A, Tel.: +39 0473 232755

Drei besondere Unterkünfte in Meran & Umgebung

Hotel Pension Ottmanngut, Meran: Das zentral gelegene, 700 Jahre alte Haus ist etwas ganz Besonderes, eine Herberge für Genießer, die auch das Geld dafür haben; das historische Ambiente und Interieur blieb erhalten, die fabelhafte Orangerie wird liebevoll und sachkundig gepflegt. Verdistraße 18, Tel.: +39 0473 449556.

Ansitz Goldegg, Lana: Der schöne, von Obstwiesen umgebene Ansitz mit Innenhof (dort Frühstücksplatz) und sympathischen Gastgebern ist sehr zu empfehlen. Angeboten werden zwei Ferienwohnungen (je 2–4 Pers.). Der Kontakt ist persönlich: Morgens trifft man im Hof den Gutsherrn, der eine Runde dreht, um nach seinen Äpfeln zu sehen. Die Töchter kümmern sich liebevoll um das historische Juwel, darunter

Brigitte Margesin, die in Südtirol als *Kulturzeit*-Moderatorin und Programm-Koordinatorin des deutschsprachigen Senders der RAI bekannt ist. Lana, Kapuzinerstraße 11, Tel.: +39 348 7302797, www.goldegg-lana.com.

Bungalows FeliZitas, Deutschnonsberg: Sechs Holz-Chalets auf Stelzen, jedes einzelne Haus mit viel Geschmack, natürlichen Materialien und einigen exotischen Details eingerichtet. Jedes Haus hat seine eigene Note, cool-schön ist das eine, sehr gemütlich das andere, etwas afrikanische Folklore findet sich im dritten (eine der Gastgeberinnen ist Kenianerin). Alle Chalets verfügen über eine eigene Terrasse, weisen viel Holz auf, eine originale Jurte aus der Mongolei steht als Gemeinschaftsraum und Spielplatz für Kinder zur Verfügung. *forest chalet resort feliZitas*, Föhrenhain 1, St. Felix, Tel.: +39 344 1188361.

Unternehmungen in Meran & Umgebung

Kanu und Rafting: Meran zählt zu den renommiertesten internationalen Austragungsorten von Kanuwettbewerben, schon 1949 fand hier erstmals eine Weltmeisterschaft im Kanufahren statt, 1953 wurden die Kanuslalom-Weltmeisterschaften auf der Passer ausgetragen. Wenn von einem Ufer zum anderen Schnüre gespannt sind, dann heißt das, es werden bald wieder Tore aufgehängt. Der Parcours führt mitten durch die Stadt. Für Wildwasserpaddeln und Rafting: Bootshaus FCM Kanu in Obermais oder Sportclub Meran Kanu, Rennweg 115, kanu@remove-this.sportclub-meran.it.

Knottnkino: Bevor man von Hafling nach Vöran kommt, kann man auf den exponierten Rotsteinkogel wandern: Auf 1468 m Höhe hat der Künstler Franz Messner im Jahr 2000 wetterfeste Klappstühle aufgestellt, um Sehen und Schauen bewusst zu machen. Was man hier sieht? Die gegenüberliegenden Berge und den Himmel – und das ist, bewusst wahrgenommen, nicht wenig. Relaxing pur.

Laaser Marmorwelt: Der in alle Welt exportierte Laaser Marmor ist nicht nur ein Wirtschaftsfaktor, er verweist auch auf eine seit Jahrhunderten bestehende Geschichte und Kultur des Vinschgaus. Das Wissen um den weißen Naturstein („weißes Gold") wird mittels Führungen, die bis in den Marmorbruch hoch in den Bergen führen, vermittelt. *Marmorplus* Führungen Laas, Tel.: +39 0473 626342.

Irrwege im Kränzelhof: Ein Spaziergang durch die sieben Gärten des Ansitzes Kränzelhof ist für Familien mit Kindern ein Vergnügen: Spielerische Gartenarchitektur, Skulpturen und „lebende Installationen" ziehen die Blicke an, ein Labyrinth aus Weinreben verlockt dazu, sich zumindest einmal im Leben (auf ganz sichere Weise) zu verirren. Labyrinthgarten Kränzelhof Tscherms, Gampenstraße 1, Tel.: +39 0473 564549.

Gaulschlucht in Lana: Diese wildromantische Wanderung ist vor allem an heißen Sommertagen zu empfehlen. Der Weg startet direkt in Oberlana, bei der zentral gelegenen Brücke, die über die Falschauer führt. Nach wenigen Minuten wandert man auf einem sicher ausgebauten Weg mit Brücken und Stegen tief in die wilde Schlucht hinein und blickt auf mächtige Felswände aus Quarzporphyr und Gneis, auf herabtosendes Wasser und dschungelartiges Buschwerk.

Danke!

Mein Dank geht in erster Linie an meinen Gefährten Christian Landegger, meinen Erstleser, der mich auf meinen Streifzügen durch Meran begleitet und unterstützt, für das Buch fotografiert und die Karten hergestellt hat.

Danke allen Meran-ExpertInnen, deren wunderbare Bücher das Fundament für dieses Buch gelegt haben.

Danke im Besonderen Renate Abram, Ferruccio Delle Cave, Paul Rösch und Patrick Rina, die in persönlichen Gesprächen ihr Wissen über Gegenwart und Geschichte Merans vor mir ausgebreitet haben. „Spezialstadtführungen" habe ich erhalten von Siegfried Höllrigl, Renate Abram, Patrick Rina und Franz Pichler. Patrick Rina verdanke ich überdies die Promenadenordnung auf S. 41.

Um unterschiedliche Sichtweisen auf Meran und Spezifisches über das Leben und die Arbeit der Befragten zu erfahren, habe ich Gespräche geführt mit Herta Waldner und Karin Pichler, Ivo de Gennaro, Johannes Ortner, Sepp Mall, Siegfried Höllrigl, Brigitte Maria Widner, Matthias Schönweger, Sonja Steger, Franz Pichler, Herta Torggler, Erwin Seppi, Rudi Ladurner, Peter Karlhuber, Isabelle Hansen, Meinhard Khuen, Elisabeth Hölzl, Marcello Fera, Luigi Bortoli, Aldo Mazza, Laura Mautone, Hannes Egger, Martin Alber, Markus Dapunt, Vinzenz und Stefan Dirler, Joachim Innerhofer, Martin Krautwurst, Christine Schönweger, Franziska Schwienbacher, Elisabeth Passler, Petra Pardeller, Paul Huez, Anne Marie Pircher, Ulrike Schiener und Paul Preims – danke, dass ihr euch die Zeit genommen habt, danke für die Stimmungsbilder und für viele wertvolle Hinweise!

Ohne die vielen Hinweise und Tipps von Bekannten, Freunden und Verwandten hätte dieses Buch nicht entstehen können: Ich danke Reinhold Prünster, Dominikus Andergassen, Paula Mair, Lisa Ehrenstrasser, Brigitte Margesin, Ulrike

Tanzer, Christine Riccabona, Gerhard Spanel, Renate und Erich Fuchsberger, Sabine Fuchs, Birgit und Erwin Wieser, Alix und Franz Wenter, Maria Thaler, Georg Hörwarter sowie Peter Oberdörfer (gestorben im Februar 2017).

Danke dem Verlag Braumüller und meiner Lektorin Merle Rüdisser, die dem Text den letzten Schliff gegeben hat.

Dieses Buch ist in dankbarer Erinnerung
an meine Meraner Eltern entstanden.

Literatur

Renate Abram: Das Meraner Stadttheater. Katalog (Ausstellung anläßlich des 100. Geburtstages 1983). Lana: Fotolitho 1989.

Renate Abram, Giorgio Danieli: Pferde auf die Bahn. Hundert Jahre Pferderennen in Meran. Meran 1996.

Renate Abram: Das Kurhaus Meran. Ein Blick in die Geschichte der Kurstadt. Lana: Tappeiner 1999.

Renate Abram: Meraner Symphonie. 150 Jahre Kurmusik. Hg. v. Musik Meran. Bozen: Athesia 2009.

Diana Carmen Albu-Lisson: „… denn … [sie] … ist eine abgefeimte Canaille …" Berta Burg – Eine Bürgerliche und ihr habsburgisches Erbe. Berndorf: Kral-Verlag 2013.

Alessandro Banda: Due mondi, e io vengo dall'altro (Zwei Welten und ich komme aus der anderen). Roma, Bari: Ed. Laterza 2012.

Ferruccio Delle Cave, Bertrand Huber: Meran im Blickfeld deutscher Literatur. Bozen: Athesia 1989.

Ferruccio Delle Cave, Bertrand Huber, Elke Waldboth: Meran. Ein literarischer Spaziergang durch die Passerstadt. Bozen: Athesia 1998.

Ferruccio Delle Cave: Meraner Notenspuren. Musik und Gesellschaft in der Passerstadt. Bozen: Ed. Raetia 2014.

Ferruccio Delle Cave, Gerhard Fasholt, Stephan Kofler: Max Reger. Von Meran nach Jena. Bozen: Athesia 2016.

Roberto Cotteri, Akademie deutsch-italienischer Studien (Hg.): Catalogo storico / Historischer Katalog 1959–2009. 2011.

Lucio Giudiceandrea, Aldo Mazza: Stare insieme è un'arte. Vivere in Alto Adige/Südtirol. Meran: Ed. Alpha Beta 2012.

Ernst von Glasersfeld: Unverbindliche Erinnerungen. Skizzen aus einem fernen Leben. Bozen, Wien: Folio 2008.

Andreas Hapkemeyer. Erlebnis Kunst in Südtirol. Von Fratzen, Fresken und Fassaden. Bozen: Folio 2016.

Siegfried Höllrigl: Was weiß der Reiter vom Gehen. Zu Fuß an den Bosporus. Innsbruck: Ed. Laurin 2011.

Elisabeth Hölzl: Hotel Bristol. Wien, Bozen: Folio 2008.

Elisabeth Hölzl: Libera viva. Nürnberg: Verlag für Moderne Kunst 2012.

Elisabeth Hölzl, Jutta Telser: Im Namen der Liebe. Leben und Wirken der Deutschordensschwestern in Südtirol. Wien, Bozen: Folio [2015].

Inga Hosp: Tschuggmall oder das Leben durch Maschinen. Roman. Innsbruck: Haymon 1995.

Joachim Innerhofer, Sabine Mayr: Mörderische Heimat. Verdrängte Lebensgeschichten jüdischer Familien in Bozen und Meran. Mit einem Vorwort von Peter Turrini. Bozen: Raetia 2015.

Meinhard Khuen, Hans Wielander (Hg.): Franz Pichler. Bildhauer. Arunda Nr. 76/2009.

Ewald Kontschieder (Hg.): Musiker, Maler, Poeten in einem Modekurort. Bozen: Athesia 2001.

Peter Lindenthal: Jakobswege in Südtirol [Abschnitt Bozen-Meran-Glurns-Müstair]. Innsbruck: Tyrolia 2008.

Sepp Mall: Wundränder. Roman. Innsbruck: Haymon 2011 (Haymon-TB 75).

Elisabeth Malleier: Rabenmutterland. Mit einem Vorwort von Martha Verdorfer. Meran: Ed. Alpha Beta 2016.

Renate Mumelter, Martin Kaufmann: Cinema. Film in Südtirol seit 1945. Bozen: Ed. Raetia 2016.

Anne Marie Pircher: Über Erde. Gedichte. Innsbruck: Ed. Laurin 2016.

Anna Pixner-Pertoll: Ins Licht gebaut. Die Meraner Villen, ihre Gärten und die Entwicklung der Stadt (1860–1920). Bozen: Ed. Raetia 2009.

Irene Prugger: Südtiroler Almgeschichten. Innsbruck: Löwenzahn 2012.

Tiziano Rosani, Rosanna Pruccoli, Patrick Rina, Elisabeth Hölzl (Hg.): 100 x Kurhaus 1914–2014. [Mit zahlreichen Beiträgen und

Illustrationen.] Bozen: La Fabbrica del Tempo / Die Zeitfabrik 2014.

Andrea Rossi: Borgo Vittoria. Die Entstehung eines italienischen Dorfes bei Meran. Übers. v. Dominikus Andergassen. Meran: Ed. Alpha Beta 2014.

Astrid Schönweger (Hg.): Von Schönheit, Alltag und Arbeit. Das Frauenmuseum in Meran erzählt. Innsbruck: Studienverlag 1999.

Matthias Schönweger (Hg.): Anton Frühauf Meran. Arunda Nr. 10/1980.

Bernd Schuchter: Föhntage. Roman. Wien: Braumüller 2014.

Sonja Steger, Toni Colleselli (Hg.): Gigi Bortoli. Meran/o My generation. Musik. Kunst. Erinnerung. Meran: Ed. Alpha Beta 2014.

Sonja Steger, Toni Colleselli (Hg.): Franco Marini. So ein Theater Meran/o che spettacolo. Mit Theaterfotografien von Andreas Marini. Meran: Ed. Alpha Beta 2015.

Sonja Steger, Toni Colleselli (Hg.): der ost west club / il est ovest club Meran/o. Meran: Ed. Alpha Beta 2016.

Südtiroler Landesmuseum für Kultur und Landesgeschichte Schloss Tirol (Hg.): Mauerschau. Bauwerk & Denkmal Schloss Tirol. Katalog. Bozen: Athesia 2016.

Elisabeth Tauber (Hg.): Sinti und Roma. Eine Spurensuche. Mit Fotografien von Elisabeth Hölzl. Arunda Nr. 67/2005.

Franz Tumler: In einer alten Sehnsucht. Ein Südtirol-Lesebuch. Hg. v. Ferruccio Delle Cave. Innsbruck: Haymon 2016.

Paolo Valente: Con i piedi nell'acqua. Storia di un insediamento italiano nell'Alto Adige degli anni venti. Meran: Ed. Alpha Beta 2010.

Katharina Walpoth, René Riller, Sonja Steger (Hg.): Flüssiges Feuer. Metallguss in Marling. Vinzenz & Stefan Dirler. Arunda Nr. 75/2008.

Bianca Marabini Zoeggeler, Michail G. Talalay: St. Petersburg – Meran. Die Russen kommen. Meran: Touriseum 2015.

Joseph Zoderer: Wir gingen. Ce n'andammo. Bozen: Edition Raetia 2005.